맥체인 성경읽기 해설

2

세움북스는 기독교 가치관으로 교회와 성도를 건강하게 세우는 바른 책을 만들어 갑니다.

맥체인 성경읽기 해설 2 (4월 · 5월 · 6월)

초판 1쇄 발행 2020년 3월 25일
초판 3쇄 발행 2024년 1월 25일

지은이 | 임승민
펴낸이 | 강인구

펴낸곳 | 세움북스
등 록 | 제2014-000144호
주 소 | 서울시 종로구 대학로 19 한국기독교회관 1010호
전 화 | 02-3144-3500
팩 스 | 02-6008-5712
이메일 | cdgn@daum.net

교 정 | 김민철
디자인 | 참디자인

ISBN 979-11-87025-60-3 (03230)
979-11-87025-55-9 (세트)

2

의미와 뜻을 알고 읽는
성경 읽기의 즐거움

맥체인 성경읽기 해설

4월 · 5월 · 6월

임승민 지음

세움북스

맥체인 성경읽기 Calendar

주의 말씀은 내 발에 등이요
내 길에 빛이니이다.
시편 119:105

4월 April

□	1	레 4 | 시 1~2 | 잠 19 | 골 2
□	2	레 5 | 시 3~4 | 잠 20 | 골 3
□	3	레 6 | 시 5~6 | 잠 21 | 골 4
□	4	레 7 | 시 7~8 | 잠 22 | 살전 1
□	5	레 8 | 시 9 | 잠 23 | 살전 2
□	6	레 9 | 시 10 | 잠 24 | 살전 3
□	7	레 10 | 시 11~12 | 잠 25 | 살전 4
□	8	레 11~12 | 시 13~14 | 잠 26 | 살전 5
□	9	레 13 | 시 15~16 | 잠 27 | 살후 1
□	10	레 14 | 시 17 | 잠 28 | 살후 2
□	11	레 15 | 시 18 | 잠 29 | 살후 3
□	12	레 16 | 시 19 | 잠 30 | 딤전 1
□	13	레 17 | 시 20~21 | 잠 31 | 딤전 2
□	14	레 18 | 시 22 | 전 1 | 딤전 3
□	15	레 19 | 시 23~24 | 전 2 | 딤전 4
□	16	레 20 | 시 25 | 전 3 | 딤전 5
□	17	레 21 | 시 26~27 | 전 4 | 딤전 6
□	18	레 22 | 시 28~29 | 전 5 | 딤후 1
□	19	레 23 | 시 30 | 전 6 | 딤후 2
□	20	레 24 | 시 31 | 전 7 | 딤후 3
□	21	레 25 | 시 32 | 전 8 | 딤후 4
□	22	레 26 | 시 33 | 전 9 | 딛 1
□	23	레 27 | 시 34 | 전 10 | 딛 2
□	24	민 1 | 시 35 | 전 11 | 딛 3
□	25	민 2 | 시 36 | 전 12 | 몬 1
□	26	민 3 | 시 37 | 아 1 | 히 1
□	27	민 4 | 시 38 | 아 2 | 히 2
□	28	민 5 | 시 39 | 아 3 | 히 3
□	29	민 6 | 시 40~41 | 아 4 | 히 4
□	30	민 7 | 시 42~43 | 아 5 | 히 5

5월 May

	일	읽기
☐	1	민 8 | 시 44 | 아 6 | 히 6
☐	2	민 9 | 시 45 | 아 7 | 히 7
☐	3	민 10 | 시 46~47 | 아 8 | 히 8
☐	4	민 11 | 시 48 | 사 1 | 히 9
☐	5	민 12~13 | 시 49 | 사 2 | 히 10
☐	6	민 14 | 시 50 | 사 3~4 | 히 11
☐	7	민 15 | 시 51 | 사 5 | 히 12
☐	8	민 16 | 시 52~54 | 사 6 | 히 13
☐	9	민 17~18 | 시 55 | 사 7 | 약 1
☐	10	민 19 | 시 56~57 | 사 8:1~9:7 | 약 2
☐	11	민 20 | 시 58~59 | 사 9:8~10:4 | 약 3
☐	12	민 21 | 시 60~61 | 사 10:5~34 | 약 4
☐	13	민 22 | 시 62~63 | 사 11~12 | 약 5
☐	14	민 23 | 시 64~65 | 사 13 | 벧전 1
☐	15	민 24 | 시 66~67 | 사 14 | 벧전 2
☐	16	민 25 | 시 68 | 사 15 | 벧전 3
☐	17	민 26 | 시 69 | 사 16 | 벧전 4
☐	18	민 27 | 시 70~71 | 사 17~18 | 벧전 5
☐	19	민 28 | 시 72 | 사 19~20 | 벧후 1
☐	20	민 29 | 시 73 | 사 21 | 벧후 2
☐	21	민 30 | 시 74 | 사 22 | 벧후 3
☐	22	민 31 | 시 75~76 | 사 23 | 요일 1
☐	23	민 32 | 시 77 | 사 24 | 요일 2
☐	24	민 33 | 시 78:1~37 | 사 25 | 요일 3
☐	25	민 34 | 시 78:38~72 | 사 26 | 요일 4
☐	26	민 35 | 시 79 | 사 27 | 요일 5
☐	27	민 36 | 시 80 | 사 28 | 요이 1
☐	28	신 1 | 시 81~82 | 사 29 | 요삼 1
☐	29	신 2 | 시 83~84 | 사 30 | 유 1
☐	30	신 3 | 시 85 | 사 31 | 계 1
☐	31	신 4 | 시 86~87 | 사 32 | 계 2

6월 June

	일	읽기
☐	1	신 5 | 시 88 | 사 33 | 계 3
☐	2	신 6 | 시 89 | 사 34 | 계 4
☐	3	신 7 | 시 90 | 사 35 | 계 5
☐	4	신 8 | 시 91 | 사 36 | 계 6
☐	5	신 9 | 시 92~93 | 사 37 | 계 7
☐	6	신 10 | 시 94 | 사 38 | 계 8
☐	7	신 11 | 시 95~96 | 사 39 | 계 9
☐	8	신 12 | 시 97~98 | 사 40 | 계 10
☐	9	신 13~14 | 시 99~101 | 사 41 | 계 11
☐	10	신 15 | 시 102 | 사 42 | 계 12
☐	11	신 16 | 시 103 | 사 43 | 계 13
☐	12	신 17 | 시 104 | 사 44 | 계 14
☐	13	신 18 | 시 105 | 사 45 | 계 15
☐	14	신 19 | 시 106 | 사 46 | 계 16
☐	15	신 20 | 시 107 | 사 47 | 계 17
☐	16	신 21 | 시 108~109 | 사 48 | 계 18
☐	17	신 22 | 시 110~111 | 사 49 | 계 19
☐	18	신 23 | 시 112~113 | 사 50 | 계 20
☐	19	신 24 | 시 114~115 | 사 51 | 계 21
☐	20	신 25 | 시 116 | 사 52 | 계 22
☐	21	신 26 | 시 117~118 | 사 53 | 마 1
☐	22	신 27:1~28:19 | 시 119:1~24 | 사 54 | 마 2
☐	23	신 28:20~68 | 시 119:25~48 | 사 55 | 마 3
☐	24	신 29 | 시 119:49~72 | 사 56 | 마 4
☐	25	신 30 | 시 119:73~96 | 사 57 | 마 5
☐	26	신 31 | 시 119:97~120 | 사 58 | 마 6
☐	27	신 32 | 시 119:121~144 | 사 59 | 마 7
☐	28	신 33~34 | 시 119:145~176 | 사 60 | 마 8
☐	29	수 1 | 시 120~122 | 사 61 | 마 9
☐	30	수 2 | 시 123~125 | 사 62 | 마 10

《일러두기》

교훈을 좀 더 효과적으로 연결하기 위해서 때때로 순서를 바꾸어 해설했습니다.
의미를 엮기 위한 구조로 읽기 순서와는 상관이 없습니다.
독자께서는 맥체인 성경 읽기의 순서대로 읽어 나가시면 됩니다.

머리말

좋은 목자는 어떻게 하면 양들에게 좋은 풀을 먹일 수 있을지를 고민합니다. 마찬가지로 참된 목사는 어떻게 하면 성도들이 성경을 힘써 읽게 할 수 있을지를 늘 고민합니다. 새해가 시작될 때마다 성도들은 성경읽기를 결단합니다. 그러나 3개월을 채 넘기지 못하는 경우가 많습니다. 여러 이유를 대지만 대개는 핑계입니다. 하지만 귀담아 들을 만한 이유도 있습니다. 주야장천 읽기는 하지만 그 뜻을 이해하지 못하여 유익함을 전혀 누리지 못하기에 읽다가 멈추게 된다는 것입니다. 유익함을 누리지 못하고 의무감으로 억지로 읽다 보면 어느덧 성경읽기가 무거운 짐이 되어 버린다는 것인데, 충분히 공감할 만합니다. 은혜의 방편이 되어야 할 성경읽기가 율법의 멍에가 되어 버렸기 때문입니다.

약 200년 전 로버트 맥체인 목사님은 자신이 목양하는 성도들을 위해 성경읽기표를 만들었습니다. 소위 말하는 '맥체인 성경읽기표'입니다. 이 표는 구약과 신약을 엮어서 1년 동안 성경 전체를 읽을 수 있도록 구성되어 있습니다. 맥체인 성경읽기표를 따라 읽으면 성경이 하나의 주제로 연결된 한 권의 책임을 깨닫게 됩니다. 존 스토트와 같은 믿음의 선배들은 맥체인 성경읽기표를 활용하여서 평생 동안 성경읽기와 연구를 하였다고 합니다. 그만큼 신뢰할 만한 성경읽기표입니다. 그러나 좋은 성경읽기표를 활용한다고 하여도 앞서 말한 바와 같이 그 유익을 누리지 못하면 아무런 소용이 없습니다. 또 다른 율법의 멍에가 될 뿐입니다.

『맥체인 성경읽기 해설』은 바로 그런 고민에서 시작되었습니다. 성도들이 생명의 양식을 골고루, 그리고 꾸준히 먹을 수 있도록 돕는 도구를 만들고 자 한 것입니다. 구약과 신약의 통일성을 유지하되 억지로 연결시키려고 하지는 않았습니다. 할 수 있는 한 그리스도 중심적 해석을 시도하였지만, 마찬가지로 억지로 만들어 내려고 하지는 않았습니다. 모든 성경이 그리스도를 가리키나 모든 본문이 그리스도를 담고 있는 것은 아니기 때문입니다. 또한 해당 본문이 드러내고 있는 중심 사상을 간략히 해설하여서 성경을 유익하게 읽을 수 있도록 돕고자 노력하였습니다. 자신이 읽고 있는 본문의 의미를 몰라서 아무런 유익도 누리지 못한 채 그저 의무적으로만 읽는 성도들이 없기를 바라는 마음입니다. 전문적인 해석이 아니라 중심 사상의 간략한 해설이 목표라서 지나치게 요약되거나 건너뛰어서 그 의미가 선명하지 않은 부분도 있습니다. 이 해설서의 목표를 헤아리셔서 부디 너그럽게 이해해 주시길 부탁드립니다.

『맥체인 성경읽기 해설』을 활용하는 방법은 다음과 같습니다.

1. 진리의 교사이신 성령께서 성경읽기에 함께해 주시길 기도합니다.
2. 『맥체인 성경읽기 해설』을 먼저 읽습니다.
3. 해당 본문을 읽으면서 그 전체적인 의미를 파악합니다.
4. 맥체인 성경읽기를 하는 성도들과 함께 해당 본문에 대해 나눕니다.

그 외 각자가 다양한 방법으로 활용할 수 있습니다.
성경읽기에 큰 복이 있기를 기도합니다.

저자 임승민

April
/
4월

4월 April 01

레위기4장 • 시편1–2편 • 잠언19장 • 골로새서2장

레위기 4장에는 속죄제에 관한 규정이 나옵니다. 속죄제는 죄를 지었을 때 드리는 제사입니다. 특별히 '여호와의 계명 중 하나라도 그릇 범하였을 때'(2절) 드리는 제사입니다. 여기서 '그릇 범하였다'는 말은 '부주의하여 죄를 지었다'는 뜻입니다. 즉, 연약하여 지은 죄에 대해 용서를 구할 수 있도록 하나님께서 주신 제사가 바로 속죄제입니다. 본문은 제사장의 속죄제, 회중의 속죄제, 족장의 속죄제, 평민의 속죄제 등을 차례로 다룹니다. 이 차례는 아마도 죄의 심각성을 의미하는 듯합니다. 제사장의 죄가 가장 심각하고, 이어서 온 회중, 족장, 평민의 순서로 그 심각성을 표현합니다. 절차 역시 제사장, 회중, 족장, 평민의 순서로 점점 간소화됩니다. 심각성과 더불어 규모를 고려한 절차로 보입니다. 중요한 것은 모든 제사에 안수하는 일이 있다는 점입니다. 죄를 지은 사람의 죄를 제물에게 전가하여 그 제물이 죽음으로 대가를 치르게 한 것인데, 여기서 우리는 십자가의 모형을 발견합니다.

골로새서 2장은 그리스도의 죽음과 부활로 완성된 구원 가운데 머물 것을 권합니다. 레위기 4장에 나오는 속죄제물과는 달리 예수 그리스도는 우리에게 참된 위로와 안식을 가져다주는 영원한 속죄제물이십니다. 그러므로 우리는 세상의 헛된 철학과 종교에 미련을 두지 말고 오직 그리스도 안에서 뿌리를 박고 세움을 받아 믿음에 굳게 서야 합니다(6–8절). 그리스도를 믿는 믿음을 굳건히 세우기 위해 그리스도를 아는 지식 속으로 끝없이 들어가야 합니다. 그 안에는 지혜와 지식의 모든 보화가 감추어져 있기 때문입니다(3절). 특히 주의해야 할 것은 율법주의와 우상 숭배입니다. 우리는 구약의 절기와 의식이 그리스도 안에서 완성되었다는 사실을 기억해야 합니다(16절). 그것은 모두 그리스도를 보여 주기 위한 그림자일 뿐

입니다. 또한 눈에 보이는 우상을 따라 성취감을 얻고자 하는 종교 중독도 주의해야 합니다. 그리스도만이 우리의 유일한 머리요 위로입니다.

시편 1편은 참된 신앙이 어떤 모습인지를 묘사합니다. 참된 신앙을 지닌 자는 풍성하고 즐거우며 형통합니다. 하나님께서 그에게 복을 주시기 때문입니다. 하나님께 복을 받은 사람은 그분의 말씀을 사랑합니다. 하나님의 복이 항상 그분의 말씀으로부터 온다는 사실을 알기 때문입니다. 그래서 그분의 말씀을 주야로 묵상합니다. 말씀은 생명의 양식과 물이 되어서 그의 영혼과 삶을 풍요롭게 만들어 갑니다. 말씀을 잃어버린 자는 정반대입니다. 그는 하나님의 말씀보다 악인의 꾀를 좋아합니다. 마음은 교만하면서 우유부단합니다. 그래서 메마르고 흔들리는 인생을 삽니다. 악인은 필히 망합니다. 시편 2편은 이 악인의 운명이 어떻게 될지를 설명합니다. 하나님을 무시하는 자들은 자신을 높입니다. 자신의 위치와 꾀를 자랑합니다. 그러나 하늘에 계신 분은 그들의 교만을 비웃으십니다(4절). 그리고 참된 왕이시요 참된 재판관이신 한 분을 세우시는데, 바로 하나님의 아들이십니다. 그러므로 정말 복되고 지혜로운 자는 항상 하나님께로 피합니다.

잠언 19장은 지혜와 복의 관계를 잘 설명합니다. 미련한 자는 여호와를 원망하지만 지혜로운 자는 여호와를 경외합니다. 어리석은 자는 자기중심적이지만 슬기로운 자는 하나님 중심적입니다. 여기에서 모든 차이가 발생합니다. 하나님을 경외하는 자, 곧 하나님을 마음에 두고 사는 자는 너그럽습니다. 자비를 베풀고 허물을 용서합니다. 가난한 자를 불쌍히 여기고 모든 이를 인자하게 대합니다. 또한 겸손합니다. 자기의 뜻이 아니라 하나님의 뜻만이 완전하다는 사실을 믿습니다. 그래서 하나님의 지혜와 훈계를 기꺼이 받아들입니다. 부지런해서 모든 일을 열심히 하고 노하기를 더디합니다. 영원한 속죄제물이 되시는 예수 그리스도를 굳건히 붙든 사람은 자기 삶에서 그리스도의 성품을 맺어 가기 마련입니다.

4월 April 02 레위기5장 • 시편3-4편 • 잠언20장 • 골로새서3장

레위기 5장은 속죄제와 속건제 규정을 가르쳐 주고 있습니다. 앞부분, 곧 1-13절은 속죄가 필요한 상황 몇 가지를 제시합니다. 거짓 증언을 했을 때, 부지중에 부정한 짐승 혹은 사람을 만졌을 때, 맹세를 지키지 못했을 때 등입니다. 그런데 여기에서 형편이 어려운 사람은 비둘기 혹은 곡물로 속죄제를 드릴 수 있다는 점을 주목해야 합니다. 용서를 원하시는 하나님의 마음을 읽을 수 있기 때문입니다. 하나님은 부한 자나 가난한 자나 높은 자나 낮은 자나 죄를 지은 모든 사람이 용서를 받을 수 있는 방법을 마련해 놓으셨습니다. 이와 같은 하나님의 마음은 이후 영원한 제물이 되신 예수 그리스도로 확증됩니다. 뒷부분은 속건제에 관한 규정입니다. 속건제는 하나님께 속한 재물과 이웃에게 속한 재물에 피해를 입혔을 때 행하는 제사입니다. 단지 제사만 드리는 것이 아니라 실질적인 피해 보상까지 해야 했습니다. 성경이 말하는 용서가 어떤 것인지 우리는 속건제 규정을 통해 얼마간 짐작할 수 있습니다.

골로새서 3장은 그리스도와 함께 죽고 산 사람이 어떻게 살아야 하는지를 교훈합니다. "위의 것을 생각하고 땅의 것을 생각하지 말라"(2절)는 것이 핵심입니다. 그러기 위해서는 하늘과 땅을 구분해야 합니다. 땅에 있는 것은 음란과 부정과 사욕과 악한 정욕과 탐심입니다. 과거에는 이런 것들을 따라서 살았지만 그리스도 안에서 새 사람이 된 사람은 자기를 창조하신 이의 형상을 따라 살아야 합니다. 좀 더 구체적으로 살펴보자면, 긍휼과 자비와 겸손과 온유와 오래 참음으로 옷 입고 사는 것입니다. 그것을 통해 피차 용서하는 삶을 살아야 하는데, 그리스도께서 우리를 용서하셨

기 때문입니다. 그리스도께서 우리를 위한 속건제물이 되셨으니 우리도 그와 같이 되어야 한다는 뜻입니다. 바울은 피차 용서하는 삶이 남편과 아내, 부모와 자녀, 주인과 종의 관계에서 나타나야 한다고 강조합니다.

시편 3편과 **시편 4편**은 용서하기 어려운 자들 속에서 살아가는 성도의 속마음을 비춰 줍니다. 피차 용서하라는 명령을 받았지만 그것은 정말 어려운 일입니다. 아들 압살롬의 배신으로 왕궁을 떠나 도망자의 삶을 또 살아야 했던 다윗처럼 말입니다. 다윗은 시편 3편을 통해 하나님께 그 마음을 고스란히 토해 놓습니다. 사람들의 손가락질과 비웃음 속에서 오직 하나님만 의지하고자 하는 다윗의 마음이 그대로 나타납니다. 모든 것을 잃어버렸을 때 비로소 우리는 구원이 여호와께 있음을 고백할 수 있습니다. 시편 4편에서도 동일한 고백을 합니다. 다윗은 곤란 중에서 너그럽게 대하시고 은혜 가운데 기도를 들으시는 하나님을 붙듭니다. 세상 사람들은 성도의 삶을 비웃고 세속적인 성공을 찬양하지만 우리는 하나님께 모든 좋은 것들이 있음을 믿고 그분께서 주신 기쁨 속에서 살아갑니다. 하나님은 정말로 우리를 복되게 하시는 분이기 때문입니다.

잠언 20장은 골로새서 3장에 나오는 '위의 것을 따라 사는 삶'이 무엇인지를 현실적으로 조명합니다. 권위를 존중하고 화평을 추구합니다. 본능을 따라 살지 않고 지혜를 따라 삽니다. 마음을 깨끗하게 하고 부지런하게 삽니다. 정직하게 말하고 자비를 실천합니다. 험담하거나 비방하지 않습니다. 하나님 앞에서 자기 영혼을 살피고 하나님께서 인생의 주도자가 되심을 인정합니다. 나이 든 사람을 존중하고 훈계와 책망을 소중히 여깁니다.

4월 April 03

레위기6장 • 시편5-6편 • 잠언21장 • 골로새서4장

레위기 6장은 속건제 규정과 더불어 번제, 소제, 그리고 속죄제를 드리는 방법을 설명합니다. 앞선 단락이 하나님께 속한 재물에 피해를 입혔을 때 어떻게 속건제를 드릴지를 설명하였다면, 여기서는 이웃에게 속한 재물에 피해를 입혔을 때를 다룹니다. 네 가지 경우입니다. 이웃이 맡긴 물건을 속이는 경우, 도둑질을 한 경우, 착취를 한 경우, 남의 물건을 줍고도 사실을 부인하여 거짓 맹세한 경우 등입니다. 이럴 경우에는 본래 물건을 돌려줄 뿐만 아니라 그것의 오분의 일에 해당하는 보상을 더해야 했습니다. 그런 후에 속건제물을 가지고 속죄를 하라고 합니다. 사람에게 죄를 지었을 때 용서를 구하는 방법이 의미심장합니다. 순서상 먼저 피해를 보상하고 그 후에 하나님 앞에서 용서를 구해야 합니다. 번제를 드릴 때 가장 중요한 것은 불이 꺼지지 않게 하는 것입니다. 소제를 드릴 때에는 누룩을 넣지 말아야 하고, 속죄제로 드린 제물은 제사장이 먹을 수 있었습니다. 여기서 모세는 제사장들이 주의 깊게 제사를 드릴 수 있도록 앞서 말한 다섯 가지 제사법을 보충하여 설명하고 있습니다.

골로새서 4장은 골로새교회를 향한 끝인사입니다. 위의 것을 생각하는 삶에는 반드시 기도가 필요합니다. 기도를 통해 하나님의 도우심을 얻을 수 있기 때문입니다. 바울은 이 기도에 자신을 포함시켜 줄 것을 요청합니다. 그리스도의 비밀을 말할 수 있도록 전도의 문이 열리기를 바라는 바울의 마음을 읽을 수 있습니다. 또한 바울이 그리스도의 가족들을 얼마나 사랑하는지 우리는 끝인사를 통해 발견합니다. 바울은 끝인사를 통해 성도의 교제가 무엇인지를 가르칩니다. 레위기의 속건제 규정에서도 살펴봤

듯이, 그리스도의 사랑 안에서 올바른 관계를 만들어 가는 것은 거룩한 삶의 핵심입니다.

시편 5편과 **시편 6편**은 세상과의 관계에서 성도가 겪는 심적인 고통을 잘 묘사합니다. 다윗은 오만한 자, 거짓말하는 자, 자신의 원수, 자신의 모든 대적, 악을 행하는 자들 등으로 말미암아 수치와 고통을 겪습니다. 다윗의 인생을 생각할 때 그가 느꼈을 슬픔을 어느 정도는 짐작할 수 있습니다. 모욕과 굶주림과 불안과 공포가 밀려드는 순간이 얼마나 많았을까요? 그때마다 다윗은 하나님을 찾았습니다. "여호와여 나의 말에 귀를 기울이사 나의 심정을 헤아려 주소서"(5:1). "악을 행하는 너희는 다 나를 떠나라 여호와께서 내 울음소리를 들으셨도다"(6:8). 다윗은 고통 속에서 하나님의 선하심을 바라봤습니다. 하나님은 참으로 선하셔서 죄 지은 자에게 용서받을 수 있는 방법을 주셨고, 죽음이 예고된 자에게 구원의 길을 예비하셨습니다. 그러므로 성도는 자기의 모든 고통과 슬픔과 수치를 들고 하나님께로 피해야 합니다. 하나님은 우리의 울음소리를 들으시고 눈물을 보시며 기도를 받으십니다. "주께 피하는 모든 사람은 다 기뻐하며 주의 보호로 말미암아 영원히 기뻐 외치고 주의 이름을 사랑하는 자들은 주를 즐거워하리이다"(5:11).

잠언 21장은 악인의 모습을 두드러지게 표현합니다. 악인은 마음이 교만합니다. 수단 방법을 가리지 않고 재물을 모읍니다. 정의를 싫어하고 남이 잘 되는 것도 싫어합니다. 가난한 사람을 무시합니다. 사치하고 육체적인 쾌락을 좋아합니다. 무례하고 게으릅니다. 탐욕스럽습니다. 여기서 우리는 다른 사람과의 관계에서 자신이 어떤 모습인지를 점검해 볼 수 있습니다. 혹시 우리에게는 악인과 같은 모습이 없습니까? 성도와의 관계와 이웃과의 관계를 잘 살펴볼 것을 권합니다.

4월 April 04

레위기7장 • 시편7-8편 • 잠언22장 • 데살로니가전서1장

레위기 7장은 다섯 가지 제사법 중에 속건제와 화목제에 관한 규례를 설명한 후에 제사법을 마무리합니다. 7절은 속죄제와 속건제의 관계를 언급하고 있습니다. 기본적으로 그 규례는 같습니다. 두 제사 모두 하나님 앞에서 용서를 구하는 것입니다. 하지만 속건제는 손해를 끼친 재물에 대해 피해 보상까지 해야 합니다. 화목제에는 감사로 드리는 제사, 서원을 위하여 드리는 제사, 특별한 이유 없이 자원하여 드리는 제사가 있습니다. 즉, 화목제는 일종의 신앙 고백입니다. 하나님은 우리의 신앙이 몇 가지 단어만 던지는 요식 행위가 아니라 실질적인 삶의 헌신이 있는 참된 행위가 되기를 바라십니다. 35-38절은 제사법에 관한 규례를 마무리하는데, 이 모든 말씀이 하나님께서 친히 명령하신 것임을 강조합니다.

시편 7편과 **시편 8편**은 아름다운 신앙 고백입니다. 신앙은 고백되어야 합니다. 참된 사랑은 항상 표현되듯이 하나님을 향한 참된 신앙도 늘 올바르게 표현됩니다. 다윗은 하나님께서 어떤 분이신지를 정확히 고백합니다. 7편에서는 주로 의로우신 하나님을 노래합니다. 하나님은 의로운 자들의 구원이 되십니다. 동시에 악한 자들의 심판이 되십니다. "하나님은 의로우신 재판장이심이여 매일 분노하시는 하나님이시로다"(7:11). 그러므로 의로운 자들은 하나님을 찬양하고 악한 자들은 회개해야 합니다. 8편에서는 아름다우신 하나님을 높여 찬양합니다. 하나님은 달과 별들을 만드셨습니다. 모든 만물을 지으셨습니다. 하나님은 참으로 온 세상의 영광이 되십니다. 그런데 그 하나님께서 사람을 생각하십니다. 영광과 존귀로 관을 씌우시고 인생을 항상 돌보십니다. 하나님에 대한 묵상이 깊어질수

록 인생도 깊어집니다. 세상살이와 상관없이 아름다움을 목격하게 되고 복된 소식을 노래하게 됩니다. 신앙은 하나님의 아름다우심을 묵상하면서 진해집니다.

데살로니가전서 1장은 그리스도 안에 거하는 데살로니가교회 성도들의 믿음을 칭찬하고 있습니다. 믿음의 역사와 사랑의 수고, 그리고 우리 주 예수 그리스도에 대한 소망의 인내는 참된 신앙의 가장 확실한 열매입니다. 바울은 데살로니가교회 성도들에게 그것이 있다고 말합니다. 복음이 말로만 전달된 것이 아니라 능력과 성령과 큰 확신으로 전달되었기 때문인데, 그로 말미암아 데살로니가교회는 '믿는 자의 본'(7절)이 되어 '믿음의 소문'(9절)까지 나게 되었습니다. 바울은 이 놀라운 변화의 근거가 예수 그리스도라고 말합니다. 이와 같이 참된 신앙에는 고백적인 삶이 뒤따릅니다. 하나님의 아름다우심은 그리스도를 통해 더욱 선명하게 드러나기 때문에 그리스도를 믿는 자들은 목소리와 삶을 높여 하나님을 찬양할 수밖에 없습니다.

잠언 22장은 하나님을 향해 고백하는 삶이 무엇인지를 가르칩니다. 하나님께서 우리에게 자비와 은혜를 베푸시듯이 그 선하심과 아름다우심을 맛본 자들도 자비와 친절을 베풀며 살아갑니다. 재물이나 은이나 금보다 은총을 더욱 사모합니다. 가난한 자를 학대하여 이득을 얻으려고 하지 않고 오히려 그에게 양식을 줍니다. 약한 자를 억압하고 곤고한 자를 압제하지도 않습니다. 하나님을 의지하여 그분으로부터 오는 지식의 아름다운 것을 마음에 새기는 자는 그 삶도 아름답게 바뀌어 갑니다.

4월 April 05

레위기8장 • 시편9편 • 잠언23장 • 데살로니가전서2장

레위기 8장은 제사장 임직식에 관한 규례입니다. 제사법에 관한 설명을 끝내신 후에 하나님은 그 제사를 드릴 제사장을 임명하십니다. 거룩하신 하나님 앞에 나아가기 위해서는 모든 것이 거룩해야 합니다. 제사의 방법, 제물의 종류, 그리고 제사를 드리는 제사장까지 모두 하나님의 법을 따라야 했습니다. 하나님은 온 회중을 회막 문에 모으신 후에 임직식을 시작하십니다. 모세는 하나님께서 명령하신 대로 아론과 그의 아들들을 정결한 몸을 위해 물로 씻기고 그들에게 의복을 착용시킨 후에 기름을 그들의 머리에 붓고 몸에 발랐습니다. 그리고 이들을 위해 속죄제와 번제를 드렸습니다. 죄를 사하고 삶을 헌신한다는 의미가 있습니다. 그런 후에 숫양의 피를 오른쪽 귓불과 오른쪽 엄지손가락과 오른쪽 엄지발가락에 발랐습니다. 성결을 뜻합니다. 이후 기름과 피를 옷에 뿌렸습니다. 임직식은 칠일 동안 지속되었고 그동안 아론과 그 아들들은 회막 문 밖으로 나갈 수가 없었습니다. 여기서 우리는 하나님께서 요구하시는 거룩함이 어느 수준인지를 조금이나마 짐작할 수 있습니다. 그러나 사람이 모든 것을 다 준행한다 할지라도 결코 완전히 거룩할 수는 없습니다. 그래서 완전히 거룩하신 하나님의 아들 예수 그리스도께서 우리의 대제사장이 되어 주시기 위해 이 땅에 오신 것입니다.

시편 9편에는 의로우신 하나님에 대한 노래가 이어집니다. 다윗은 하나님께서 의롭게 심판하셨다고 고백합니다. 원수들이 주 앞에 넘어져서 망했습니다. 의로우신 하나님은 죄인을 미워하시고 거룩하신 하나님은 악을 멸하십니다. “공의로 세계를 심판하심이여 정직으로 만민에게 판결을

내리시리로다"(8절). 특히 그분의 공의로우신 판결은 압제당하는 자와 가난한 자를 향합니다. 공의로우신 하나님은 자비로우시기 때문입니다. 그런 의미에서 하나님은 우리의 구원이요 소망입니다. 악한 세상에서 고통당하는 신자의 괴로움을 잊지 않으시는 분이고 죄인들의 손에 핍박당하는 성도의 슬픔을 기억하시는 분이기 때문입니다.

잠언 23장은 의로우신 하나님 앞에서 살아가야 하는 의인의 삶을 가르칩니다. 사사롭고 허무한 것을 의지하면서 살지 말아야 합니다. 악한 자들의 성공과 번영을 부러워할 필요도 없습니다. 탐욕을 갖고 악행을 저질러서도 안 됩니다. 강하신 구속자는 억울한 자들을 회복시키시고 악한 자들을 멸하시기 때문입니다. 그러므로 "마음으로 죄인의 형통을 부러워하지 말고 항상 여호와를 경외"해야 합니다(17절). 죄인들이 얻는 쾌락을 좇지 말고 정직한 자가 얻는 즐거움을 따라야 합니다.

데살로니가전서 2장은 거짓 교사들의 비방에 대해 변론하는 바울의 주장입니다. 거짓 교사들은 바울이 간사한 속임수와 탐심 가득한 아첨의 말로 데살로니가 교인들을 꾀었다고 비방합니다. 이와 같이 비방하여 바울의 영향력을 차단하고자 했는데, 자기들이 이 교회를 장악하고 싶어 했던 것 같습니다. 바울은 "사람을 기쁘게 하려 함이 아니요 오직 우리 마음을 감찰하시는 하나님을 기쁘시게 하려"고 이 일을 했다고 변론합니다(4절). 바울은 그 어떠한 권위도 주장한 적이 없고 목숨까지 줄 만큼 수고하였으며 직접 수고하여 돈을 벌었다고 말합니다. 목적은 한 가지였습니다. "너희를 부르사 자기 나라와 영광에 이르게 하시는 하나님께 합당히 행하게 하려 함"입니다(12절). 바울은 예수님께서 오실 때 데살로니가교회 성도들이 자신의 영광과 기쁨과 자랑이 될 것이라고 말합니다.

4월 April 06

레위기9장 · 시편10편 · 잠언24장 · 데살로니가전서3장

레위기 9장은 첫 번째 제사를 드리는 장면입니다. 임직식이 끝난 후 여덟째 날에 아론과 그의 아들들, 곧 제사장들이 첫 번째 제사를 준비합니다. 제사장을 위해서는 속죄제와 번제를, 백성들을 위해서는 속죄제와 번제와 화목제와 소제를 준비합니다. 먼저 아론과 그의 아들들이 속죄제와 번제를 드립니다. 죄를 용서받고 자기 자신을 하나님께 헌신하기 위한 제사였습니다. 백성들을 위한 제사도 아론과 그의 아들들이 드립니다. 속건제를 제외한 네 가지 제사를 하나님께서 규정하신 대로 꼼꼼하게 드렸습니다. 모세와 아론의 축복 이후 하나님의 영광이 나타나고 불이 제단 위의 제물을 불살랐습니다. 꺼지지 않아야 할 여호와의 불이 제단에 붙여졌습니다. 거룩하신 하나님께서 이제부터 죄를 불사르시기 위해 성막 가운데 항상 거하시게 된 것입니다.

시편 10편에는 악인의 형통을 보며 거룩하신 하나님의 간섭을 요청하는 다윗의 마음이 표현되어 있습니다. 악인의 가장 큰 특징은 교만입니다. 교만하여 사람을 무시하고 하나님을 무시합니다. 특히 '하나님이 없다'고 당당하게 외칩니다. 자신이 만든 무신론적 세상에서 거짓과 포악과 잔인으로 마음껏 살아갑니다. 다윗은 이 교만하고 완악한 악인이 이 땅에서 잘 먹고 잘 사는 꼴을 볼 수 없었습니다. 다윗이 믿는 하나님은 '고아를 도우시는 분'입니다(14절). '고아와 압제당하는 자를 위하여 심판하시는 분'입니다(18절). 죄에서 돌이키는 자를 구원하시는 분이면서 동시에 죄를 고집하는 악인을 반드시 심판하시는 분입니다. 교만한 자를 멀리하시고 겸손한 자를 가까이하시는 분이기도 합니다. 그러므로 우리는 악이 속히 꺾이고 세상에 속한 자가 다시는 일어서지 못하도록 하나님께서 일어나시길 기도해야 합니다.

잠언 24장은 악인의 형통을 부러워하지 말 것을 명령합니다. "너는 악인의 형통함을 부러워하지 말며 그와 함께 있으려고 하지도 말지어다"(1절). 악인이 형통하는 모습을 보면 마음이 흔들거립니다. 그와 같이 살아야 할 것 같은 압박감을 느낍니다. 그러나 성도는 악인의 꾀를 따르지 말고 오직 신령한 지혜를 좇아야 합니다. 미련한 자, 사악한 자, 거만한 자의 꾀는 항상 죄이고, 결국에는 재앙으로 넘어집니다. 그러므로 성도는 꿀과 같은 지혜를 얻어야 하는데, 이것이 참된 소망을 주기 때문입니다.

데살로니가전서 3장은 디모데를 보내는 이유를 설명합니다. 악이 가득한 세상에서 교회는 항상 위협을 받습니다. 바울은 교회가 당할 환난을 미리 설명하였지만 혹시 그들이 시험을 당할까 하여 하나님의 일꾼인 디모데를 보냅니다. 바울은 자나 깨나 교회를 걱정합니다. 교회가 그리스도 안에 굳게 서 있다는 소식을 듣고는 안심합니다. 교회 때문에 감사하고 기뻐합니다. 교회가 더욱 굳건해져서 흠이 없는 거룩함을 갖추길 바랍니다. 거룩함은 교회의 목적입니다. 세상은 위협하고 회유하여 교회를 죄악으로 물들이려 애를 쓰지만, 교회는 이것을 알고 더욱 힘써 거룩함을 추구해야 합니다.

4월 April 07

레위기10장 • 시편11-12편 • 잠언25장 • 데살로니가전서4장

레위기 10장은 다른 불을 사용한 나답과 아비후가 죽는 장면을 기록합니다. 하나님은 참으로 거룩하신 분입니다. 하나님께 나아가기 위해서 우리는 하나님의 방법을 온전히 따라야 합니다. 나답과 아비후는 이 사실을 가볍게 여겼습니다. 그들은 영광스러운 임직식이 끝나자마자 "여호와께서 명령하시지 아니하신 다른 불을 담아 여호와 앞에 분향"하는 죄를 지었습니다(1절). 혹자는 8-11절에 나오는 금주령을 근거로 나답과 아비후가 술을 마신 후 이 같은 죄를 저질렀다고 봅니다. 어찌되었든 하나님은 불로 그들을 심판하셨습니다. 모세와 아론은 하나님 앞에서 잠잠히 기다립니다. 그리고 남은 아들 엘르아살과 이다말에게 다시 한 번 제사법을 가르칩니다. 그런데 이 둘이 또 실수를 저지릅니다. 속죄제물을 모조리 불살라 버린 것입니다. 모세가 화를 내자 아론이 해명합니다. 나답과 아비후의 범죄로 말미암아 감히 속죄제물을 먹을 수 없었다는 것입니다. 여기서 우리는 하나님의 심판 이후 제사법에 대해 매우 신중해진 모세와 아론을 발견합니다. 거룩하신 하나님 앞에 나아가기 위해서는 하나님께서 가르치신 방법대로 해야 합니다. 오늘날에는 영원한 제물이 되시는 그리스도를 힘입어 담대히 은혜의 보좌 앞에 나아갈 수 있습니다.

시편 11편과 **시편 12편**은 도우시는 하나님을 노래합니다. 우리가 하나님께 나아가야 하는 이유는 하나님은 정말 좋으신 분이기 때문입니다. 악인을 미워하시고 의로운 자를 사랑하시며 아첨하는 자를 끊으시고 정직한 자를 높이십니다. 하나님은 '가련한 자들의 눌림과 궁핍한 자들의 탄식을 듣고 그들을 안전한 지대에 두시는 분'이기도 합니다(12:5). 비록 세상은 하

나님 이외의 것에서 도움을 구하지만 성도는 오직 하나님께 도움을 구합니다. 그렇기에 우리는 하나님께서 가르치신 방법을 따라 하나님께 부지런히 나아가야 합니다. 그분께 참된 구원이 있기 때문입니다.

데살로니가전서 4장은 차분한 신앙생활을 권면합니다. 데살로니가교회 성도들은 예수님께서 곧 재림하실 것이라고 생각했던 것 같습니다. 그래서 성도의 죽음을 보면서 불안해했는데, 바울은 죽은 자는 살아나서 산 자와 함께 영광을 얻게 될 것이라고 말합니다. 그리고 죽음에 대한 공포에서 벗어나 하나님께서 우리에게 맡기신 거룩한 생활을 차분히 할 것을 권합니다. "하나님의 뜻은 이것이니 너희의 거룩함이라"(3절). 거룩하신 하나님 앞에 그리스도를 통해 담대히 나아갈 수 있게 된 성도는 이제 그리스도를 본받아 거룩하게 살아야 합니다. "하나님이 우리를 부르심은 부정하게 하심이 아니요 거룩하게 하심"이기 때문입니다(7절).

잠언 25장은 거룩한 삶이 특히 관계와 깊이 연결된다는 사실을 가르칩니다. 스스로를 높이지 말고 사람들 앞에서 항상 겸손해야 합니다. 급한 마음으로 다투지 말아야 합니다. 신중히 듣고 합당한 말을 해야 합니다. 부드럽게 말하고 오래 참아야 하며 모든 것을 절제해야 합니다. 이웃에 대해 거짓 증언해서는 안 됩니다. 원수의 곤경을 보고 좋아하지 말고 도와주어야 합니다. 자기 영광을 위해 살지 말고 자기의 마음을 항상 통제해야 합니다.

4월 08 April

레위기11-12장 • 시편13-14편 • 잠언26장 • 데살로니가전서5장

레위기 11장에서는 정결한 것과 부정한 것을 나눕니다. 먼저 육지의 짐승을 나누고, 물에 있는 것, 새, 날개가 있고 네 발로 기어 다니는 곤충을 차례로 나눕니다. 정결한 것은 먹을 수 있지만 부정한 것은 먹을 수 없습니다. 분류 기준에 대해서는 학자마다 의견이 다릅니다. 중요한 것은 하나님께서 그 기준을 세우셨다는 점입니다. 마치 에덴에서 먹을 수 있는 나무의 열매와 먹지 말아야 할 나무의 열매를 구분하신 것처럼 말입니다. 하나님께서 요구하시는 것은 당신께서 가르치신 대로 순종하는 것입니다. 선과 악, 정결과 부정, 유익과 불이익의 기준은 하나님께 속해 있습니다. 레위기 11장 후반부와 **레위기 12장**에는 부정한 것들이 나옵니다. 시체, 기어 다니는 짐승, 출산 후 나오는 분비물 등입니다. 특히 출산한 여인은 속죄제를 드려야 했는데, 이것을 통해 정결해질 수 있었습니다. 부정에서 정결해지기 위해서는 속죄제물이 필요하다는 것으로 이것은 그리스도의 희생제사를 암시합니다. 그리스도의 죽으심은 부정한 인생을 가장 정결한 인생으로 바꿉니다.

데살로니가전서 5장은 그리스도 안에서 정결해진 성도의 삶이 어떠해야 하는지를 가르칩니다. 데살로니가교회 성도 중에는 그리스도의 재림이 금방 이루어질 것으로 생각하고 무질서하게 사는 자들이 있었습니다. 바울은 그 때와 시기에 관하여는 알 수 없음을 명확히 하고, 항상 깨어 정신을 차리고 살아야 한다고 교훈합니다. 급작스럽게 찾아올 재림을 준비하지 못하여서 큰 화를 당하지 말고 정신을 차리고 거룩한 삶을 살라는 것입니다. 이것이 그리스도께서 우리를 위하여 죽으신 목적입니다. 그러므로 성도들은 서로를 권면하여서 악하거나 약한 사람들을 끝까지 붙들어 주어야 합니다. 하나님의 뜻대로 살도록 권면해야 하는데, 항상 기뻐하고 쉬지

말고 기도하며 범사에 감사하도록 해야 합니다. 악은 어떤 모양이라도 버려야 합니다. 이와 같이 거룩한 삶을 열심히 추구하되 하나님께서 이것을 친히 이루실 것도 믿어야 합니다. "평강의 하나님이 친히 너희를 온전히 거룩하게 하시고 또 너희의 온 영과 혼과 몸이 우리 주 예수 그리스도께서 강림하실 때에 흠 없게 보전되기를 원하노라 너희를 부르시는 이는 미쁘시니 그가 또한 이루시리라"(23-24절).

시편 13편은 고통 앞에서 견디는 성도의 신음 소리를 들려줍니다. 다윗은 '어느 때까지'라는 말을 반복하면서 자신의 고통이 심함을 호소합니다. 얼마나 심한지 그는 자신이 사망의 잠을 잘까 두려워합니다. 악한 세상에서 때로 찾아오는 심각한 고통은 거룩한 삶을 방해합니다. 항상 기뻐하고 쉬지 말고 기도하며 범사에 감사하는 것이 하나님의 뜻이지만 고통 앞에서 이 뜻을 따르지 못할 때가 있습니다. 그럴수록 우리는 다윗의 모범을 따라야 합니다. "나는 오직 주의 사랑을 의지하였사오니 나의 마음은 주의 구원을 기뻐하리이다"(5절). 포기하지 말고 주의 사랑을 믿고 묵상해야 합니다. 주의 사랑만이 우리의 마음을 소생시키기 때문입니다. **시편 14편**은 이 세상의 참담함과 하나님의 은혜를 대조합니다. 악하고 어리석은 자는 '하나님이 없다'고 믿습니다. 무신론의 세상에서 아무 기준 없이 막 살아갑니다. 그 세상에서 함께 살아가는 성도는 고통을 당하는데, 그들이 떡 먹듯이 주의 백성을 먹기 때문입니다(4절). 그러나 하나님은 고통당하는 성도의 피난처가 되십니다. 온 힘을 다해 하나님께 나아가야 하는 이유입니다.

잠언 26장은 미련한 자를 경계하라고 여러 번 말합니다. 미련한 자를 따라서는 안 됩니다. 미련한 자가 되기 때문입니다. 미련한 자 편에 서도 안 됩니다. 미련한 자와 같이 망하기 때문입니다. 미련한 자가 하는 말에 귀를 기울여서도 안 됩니다. 미련함의 대가를 받기 때문입니다. 미련하고 게으르며 잔인하고 거짓말하는 자를 경계하는 것은 거룩함을 추구하는 삶의 일부입니다.

4월 April 09

레위기13장 • 시편15-16편 • 잠언27장 • 데살로니가후서1장

레위기 13장은 피부병에 관한 규정입니다. 정결과 부정을 다루는 단락 속에 피부병 규정이 들어간 것은 자연스럽습니다. 고대 사회에서 피부병은 전염이 잘 되는 병으로 위생과 관련되어 있기 때문입니다. 즉 깨끗하고 더러운 것을 반드시 구분해야 하는 병이기 때문입니다. 본문은 피부병을 정결과 부정의 관점에서 다루면서 이것을 판단하는 주체가 제사장이라고 말합니다. 제사장은 규정에 맞게 피부병을 판단하고 그에 맞는 조치를 취해야 했습니다. 피부병은 의복을 통해서도 전염될 수 있었기 때문에 그것에 관한 규정도 지시합니다. 피부병은 위생의 문제이기도 하지만 동시에 영적인 문제이기도 했습니다. 이 병을 진단하는 주체가 제사장이라는 것이 그것을 말해 줍니다. 피부병은 죄의 특징을 잘 보여 줍니다. 온 몸에 나는 종기의 더러움과 그 빠른 전염성 등입니다. 제사장에게는 이 병을 진단할 뿐만 아니라 회복을 선언할 수 있는 권리가 있었습니다. 마치 그런 것처럼, 우리의 대제사장이신 예수님은 우리 영혼의 피부병, 곧 죄에 대해 완전한 회복을 선언하실 수 있는 분입니다.

데살로니가후서 1장은 하나님의 공의로우심에 관한 교훈입니다. 바울은 데살로니가교회를 자랑합니다. 박해와 환난 속에서도 믿음이 더욱 자라고 사랑함이 풍성하기 때문입니다. 여기서 바울은 성도들을 위로하기 위해 하나님의 공의로우심을 강조합니다. 하나님은 환난을 받게 하는 자들에게는 환난으로 갚으시고 하나님을 모르는 자들과 우리 주 예수 그리스도의 복음에 복종하지 않는 자들에게는 형벌을 내리십니다. 반면에 하나님 나라에 합당한 자로 환난을 당한 자에게는 안식으로 갚으십니다. 믿는 자들은 환난을 통해 그리스도의 영광을 나타내고 자기도 그 안에서 영광을 받습니다.

시편 15편과 **시편 16편**은 하나님의 공의를 의지하며 살아가는 성도의 노래입니다. 다윗은 주의 장막에 머물 수 있는 자는 공의를 실천하는 자라고 말합니다. 정직하고 진실하며 악을 행하지 않고 비방하지 않는 자입니다. 공의를 실천하며 살아갈 수 있는 이유는 하나님께서 양심을 따라 우리를 훈계하시기 때문입니다. "나를 훈계하신 여호와를 송축할지라 밤마다 내 양심이 나를 교훈하도다"(16:7). 주님만을 자기의 복으로 여기는 사람은 주님께서 주시는 교훈을 따라서 살아갑니다. 그로 말미암아 기쁨과 즐거움과 안전함을 누립니다. 하나님의 공의를 의지하며 살아가는 성도에게는 하나님께서 생명의 길을 보이십니다.

잠언 27장은 하나님을 의지하며 그 교훈을 따라야 하는 이유를 말하며 시작합니다. "너는 내일 일을 자랑하지 말라 하루 동안에 무슨 일이 일어날는지 네가 알 수 없음이니라"(1절). 하나님께서 참으로 공의로우심을 믿고 그분의 교훈만을 따라 주의 깊게 살아가야 하는 이유는 한 치 앞도 예측할 수 없는 우리의 유한함 때문입니다. 교만한 사람은 모든 것을 자신이 통제할 수 있다는 자신감으로 살아가지만 하나님의 섭리는 그 누구도 예측할 수 없습니다. 그러므로 우리는 우리의 일을 자랑하지 말고 하나님을 믿고 의지해야 합니다. 하나님을 믿고 의지한다는 것은 주의 교훈을 받아 간결하게 살아가는 것입니다. 분노하지 말라고 하셨으니 분노하지 않으려고 노력하는 것이고 아픈 책망을 받으라고 하셨으니 그것을 받으려고 애를 쓰는 것입니다. 특히 27장은 정직하고 충실한 친구의 중요성을 많이 강조합니다. 친구의 아픈 책망을 원수의 잦은 입맞춤보다 좋아해야 합니다. 친구의 충성된 권고를 기름과 향처럼 여겨서 즐거워해야 합니다. 철이 철을 날카롭게 하는 것같이 친구의 조언이 자신을 빛나게 해 줄 것을 믿어야 합니다. 성도는 하나님을 믿는 믿음 안에서 성실하고 충직한 친구의 조언을 귀히 여겨야 합니다.

4월 April 10

레위기14장 • 시편17편 • 잠언28장 • 데살로니가후서2장

레위기 14장은 피부병이 완치된 자를 위한 정결 의식 규례입니다. 피부병에 걸린 사람은 진영 밖에서 지내야 합니다. 만약에 피부병이 완치된 것 같으면 제사장을 진영 밖으로 불러서 확인을 받습니다. 제사장은 진영 밖에서 먼저 정결 의식을 치릅니다. 그 사람이 진영에 들어온 지 여덟 번째 날에는 드디어 성막에 들어가 제사를 드립니다. 속건제와 속죄제를 드리는데, 아론의 임직식처럼 제사장은 그 사람의 오른쪽 귓불, 오른쪽 엄지손가락, 오른쪽 엄지발가락에 제물의 피를 바릅니다. 몸 전체가 정결해졌다는 확인입니다. 본문은 집에 피어난 곰팡이에 관한 규례를 말한 후에 끝납니다. 주목할 만한 부분은 진영 밖에서 두 마리의 정결한 새로 드리는 정결 의식입니다. 한 마리는 죽여서 그 피를 질그릇에 있는 물과 섞습니다. 다른 한 마리는 그 피를 묻혀서 날려 보냅니다. 이것은 죽은 새로 죄를 대속하고 날아가는 새로 죄를 멀리 한다는 의미가 있는 것으로 예수 그리스도의 십자가를 예표합니다. 그리스도는 우리를 대신하여 죽으심으로 우리의 죄를 우리에게서 멀리 옮겨 놓으셨습니다.

데살로니가후서 2장은 새로운 교리가 아니라 사도들의 복음 위에 굳건히 서라는 바울의 당부입니다. 데살로니가교회 안에는 여전히 그리스도의 재림 문제로 혼란을 겪는 성도들이 있었습니다. 거짓 교사들의 선동에 흔들린 것입니다. 바울은 미혹되지 말 것을 강조하면서 마지막 날에 일어날 일들을 가르칩니다. 중요한 것은 이것입니다. "그러므로 형제들아 굳건하게 서서 말로나 우리의 편지로 가르침을 받은 전통을 지키라"(15절). 주 예수 그리스도의 복음을 바르게 붙들어야 합니다. 성경 전체는 그리스도를

가리키고 있습니다. 그러므로 성도는 모든 성경을 통해서 그리스도의 대속 교리를 발견하고 그 교리에 자신을 굳게 묶어야 합니다. 그리스도께서 우리를 대신하여 죽으셨다는 진리가 영원한 위로입니다. 이 아름답고 복된 소식을 날마다 자신의 영혼에게 들려주십시오.

시편 17편은 억울한 자의 기도입니다. 다윗은 자신의 무고함을 강력히 주장합니다. 하나님께서 자신의 마음을 살피시고 감찰하셨지만 흠을 찾지 못하셨다고 말합니다. 결코 악한 자의 길을 따르지 않았고 오로지 주의 입술의 말씀을 따라 스스로 삼갔다고도 말합니다. 그럼에도 불구하고 억울한 상황은 쉬이 풀리지 않았던 것 같습니다. 그래서 이렇게 기도합니다. "내 앞에서 나를 압제하는 악인들과 나의 목숨을 노리는 원수들에게서 벗어나게 하소서"(9절). 다윗은 하나님께서 친히 변호사가 되시고 재판장이 되시기를 간청합니다. 실제로 하나님은 우리의 변호사요 재판장이신 예수 그리스도를 보내 주셔서 우리를 모든 정죄에서 구원하셨습니다. 하나님은 정죄와 고발 앞에서 두려워하는 자를 위한 피난처가 되십니다. "주께 피하는 자들을 그 일어나 치는 자들에게서 오른손으로 구원하시는 주여 주의 기이한 사랑을 나타내소서"(7절).

잠언 28장에는 자비를 권하는 구절이 많이 나옵니다. 가난한 자를 학대해서는 안 됩니다. 이자를 많이 받아서도 안 됩니다. 가난한 백성을 압제하는 관원은 짐승과 같은 자입니다. 탐욕을 부리거나 방탕을 따르는 자는 궁핍하게 될 것입니다. 재물을 얻기에만 급급한 자에게는 빈궁이 임하게 될 것입니다. "가난한 자를 구제하는 자는 궁핍하지 아니하려니와 못 본 체하는 자에게는 저주가 크리라"(27절). 하나님께 받은 것이 많은 사람은 다른 사람에게 나눠 줄 것도 많습니다. 그리스도의 복음은 탐욕과 사치와는 거리가 멉니다. 자비의 실천은 복음의 열매입니다.

레위기 15장은 유출병에 관한 규정입니다. 정상적인 유출과 비정상적인 유출로 구분하여 설명합니다. 남자의 설정이나 여자의 월경은 정상적인 유출입니다. 그때는 율법이 정한 대로 정결 의식을 행하면 됩니다. 반면에 남자의 몸에서 나오는 고름 등의 유출은 비정상적입니다. 월경 외의 여자의 유출 역시 비정상적입니다. 비정상적인 유출병을 앓는 남녀는 그것이 나을 때까지 부정하며, 완전히 회복된 후에는 속죄제를 드려야 했습니다. 마찬가지로 유출병은 위생과 관련된 것으로 철저한 관리가 필요했습니다. 여기에 율법은 영적인 의미를 더했습니다. 그러나 예수 그리스도 안에서 이것 역시 폐기됩니다. 그리스도께서 모든 부정과 불결을 깨끗하게 만드셨기 때문입니다. 혈루병을 앓던 여인이 그리스도를 만짐으로 완전히 치료된 것처럼, 어떤 종류의 죄인이라도 그리스도께 나아오면 완전히 의롭게 됩니다. 그리스도께서 우리의 의사요, 거룩이시요, 구원이십니다.

시편 18편은 하나님의 구원을 노래합니다. 다윗은 원수와 사울의 손에서 구원받은 날에 이 노래로 하나님께 나아갑니다. 하나님은 실질적이고 구체적인 구원자가 되십니다. 곤란함과 문젯거리 속에서 우리를 건져 주십니다. 하나님의 선하신 손길을 경험한 사람은 하나님을 참으로 노래합니다. 하나님을 참으로 사랑합니다. “나의 힘이신 여호와여 내가 주를 사랑하나이다”(1절). 다윗의 노래는 생생합니다. 자신이 얼마나 큰 위기에 빠졌는지를 묘사합니다. 사망의 줄이 얽었고 불의의 창수가 두렵게 하였다고 고백합니다. 동시에 하나님의 구원하심이 얼마나 강력한지도 설명합니다. 그런 후에 하나님의 하나님 되심을 높여 찬양합니다. "여호와 외에 누가 하나님이며 우리 하나님 외에 누가 반석이냐"(31절). 그리스도를 통해 베푸시는 하나님의 구원과 은혜와 평안을 아는 사람은 하나님만 섬깁니다. 시편의 노래는 구원받은 자들의 찬양입니다.

잠언 29장은 지혜로운 자와 미련한 자를 대조합니다. 미련한 자는 이렇습니다. 자주 책망을 받으면서도 고집을 부리는 사람은 갑자기 패망합니다. 스스로 올무가 될 죄를 저지릅니다. 분노를 그대로 표출합니다. 교만하지만 도리어 그것 탓에 낮아집니다. 반면에 지혜로운 자는 이렇습니다. 지혜를 사모하여 부모를 즐겁게 합니다. 가난한 자의 사정을 충분히 이해합니다. 분노를 통제합니다. 채찍과 꾸지람을 좋아합니다. 마음이 겸손하여 영예를 얻습니다. 이와 같이 잠언은 우리로 하여금 미련한 자와 지혜로운 자를 올바로 분별하도록 돕습니다.

데살로니가후서 3장은 분별력이 있는 교제를 권하면서 끝납니다. 바울은 환난을 당하는 성도가 어떻게 기도해야 하는지를 가르칩니다. "우리를 부당하고 악한 사람들에게서 건지시옵소서 하라"(2절). 다윗이 노래한 것처럼 하나님은 우리를 구체적으로 건져 주십니다. 특히 본문에서 바울은 성도의 교제를 가르칩니다. 게으르게 행하고 올바른 가르침을 거부하는 형제에게서 떠나라고 말합니다. 좀 더 구체적으로 보자면, 무질서하게 행하고 일하지 않으려 하며 일만 만들려고 하는 자들을 분별하고 경계할 것을 말합니다. 더 나아가 편지에 있는 가르침에 순종하지 않으려 하는 사람하고는 사귀지도 말라고 합니다. 그리스도 안에 있는 성도는 거룩함을 좋아하고 추구합니다. 그리스도께서 거룩하시기 때문입니다.

4월 April **12**

레위기16장 · 시편19편 · 잠언30장 · 디모데전서1장

레위기 16장은 속죄일에 관한 규례입니다. 대속죄일이라고도 불리는 이 날은 일 년에 한 번 있는 것으로 유대인들은 지금도 속죄일에 레위기 16장을 낭독합니다. 이날은 대제사장인 아론이 자기를 위한 속죄제물을 드림으로 시작합니다. 그리고 백성을 위한 두 마리의 염소 중 하나는 제물로 바치고 다른 하나는 광야로 보냅니다. 이때 광야로 보내는 염소에게는 아론이 안수를 하는데, "이스라엘 자손의 모든 불의와 그 범한 모든 죄를 아뢰고 그 죄를 염소의 머리에 두"기 위한 것입니다(21절). 제물로 바쳐지는 염소는 이스라엘의 죄를 대신하여 죽음을 뜻하고, 광야로 보내지는 염소는 이스라엘의 죄가 멀리 옮겨짐을 의미합니다. 속죄일은 예수 그리스도의 십자가로 완성됩니다. 그리스도는 우리를 위한 대속 제물이 되십니다. 그리스도께서 죽으심으로 우리의 죄가 모두 제거되었습니다. 율법은 일 년에 한 번 속죄일이 필요하다고 말하지만, 복음은 그리스도의 죽으심이 우리를 영원히 속죄하였다고 선포합니다.

시편 19편은 율법의 아름다움을 노래합니다. 다윗은 먼저 온 세상이 하나님의 영광을 나타낸다고 찬양합니다. 비록 창조된 세상은 말이 없지만 믿음이 있는 사람은 그것을 발견할 수 있습니다. 반면에 율법은 하나님의 영광을 명확히 말합니다. 그래서 다윗은 율법이 완전하다고 말합니다. 율법은 지혜롭게 할 만큼 선명하고 마음을 기쁘게 할 만큼 분명합니다. 율법을 통해서 우리는 하나님을 아는 지식을 정확하고 풍성하게 얻습니다. 특히 율법을 정직하게 읽으면 하나님께서 참으로 좋으신 분임을 알게 됩니다. 하나님께서 우리를 구원하시는 분이요 도우시는 분이라는 사실도 분

명하게 깨닫습니다. “나의 반석이시요 나의 구속자이신 여호와여”(14절).

잠언 30장은 아굴의 잠언입니다. 아굴이 누구인지는 정확히 알 수 없습니다. 다만 그가 지혜로운 사람의 특징인 겸손을 갖추었음은 확인할 수 있습니다. “나는 다른 사람에게 비하면 짐승이라 내게는 사람의 총명이 있지 아니하니라”(2절). 아굴도 다윗처럼 하나님의 말씀을 사랑합니다. 하나님의 말씀이 완전함을 인정합니다. “하나님의 말씀은 다 순전하며 하나님은 그를 의지하는 자의 방패시니라”(5절). 또한 그는 솔로몬이 그토록 말했던 부와 가난의 의미를 제대로 파악하고 있습니다. “나를 가난하게도 마옵시고 부하게 마옵시고”(8절). 그가 오로지 바라는 것은 하나님의 영광입니다. 그는 다윗처럼 자연을 보면서 하나님의 지혜를 파악할 줄 아는 신실한 성도였습니다. 거머리를 활용하여 탐욕을 경고하고, 개미를 활용하여 부지런함을 권고합니다. 아굴의 잠언은 솔로몬의 잠언의 요약입니다.

디모데전서 1장은 다른 교훈을 가르치지 말고 영광의 복음을 바르게 가르칠 것을 권합니다. 바울은 후배 목회자인 디모데를 위해 편지를 씁니다. 가장 중요하게 말하고 싶은 것은 다음과 같습니다. “내가 마게도냐로 갈 때에 너를 권하여 에베소에 머물라 한 것은 어떤 사람들을 명하여 다른 교훈을 가르치지 말며”(3절). 초대 교회 당시 바울이 항상 싸웠던 문제는 바른 복음을 지키는 것이었습니다. 각종 우상 숭배와 율법주의가 초대 교회에 스며들었기 때문입니다. 특히 사람들은 율법을 바르게 이해하지 못했습니다. 여전히 율법이 구원에 일정한 역할을 한다고 믿었습니다. 예수 그리스도를 믿는 믿음에 율법의 행위가 어느 정도 더해져야 한다고 믿은 것입니다. 바울은 디모데가 율법과 복음을 바르게 분별하기를 원했습니다. 그리고 오직 하나님께서 맡기신 영광의 복음, 곧 우리 주 예수 그리스도의 교훈만을 바르게 가르치라고 권합니다. 모든 성경 안에서 복음을 찾는 일은 특별한 것이 아니라 당연한 것입니다.

4월 April 13

레위기17장 • 시편20-21편 • 잠언31장 • 디모데전서2장

레위기 17장은 올바른 도축법과 거룩한 식생활에 관한 규정입니다. 하나님께 제사를 드리기 위해 도축하는 제물은 항상 회막 앞으로 가져와야 합니다. 이 규정의 핵심은 제물의 피를 회막 안에서만 뿌려야 한다는 것입니다. 그 근거는 두 번째 단락에 있습니다. "육체의 생명은 피에 있음이라 내가 이 피를 너희에게 주어 제단에 뿌려 너희의 생명을 위하여 속죄하게 하였나니 생명이 피에 있으므로 피가 죄를 속하느니라"(11절). 죄는 죽음의 형벌을 받습니다. 그러므로 제물의 죽음으로 죄가 속해집니다. 이때 피는 생명의 상징으로 함부로 다뤄지면 안 됩니다. 그런 의미에서, 제물의 피는 반드시 회막 안에서 뿌려져야 하고, 고기를 먹을 때는 피째 먹지 말아야 합니다. 이 피는 십자가 위에서 흘리신 예수 그리스도의 피로 완성됩니다. 그리스도께서 피를 흘리심으로 우리의 죄가 사하여졌습니다. 그리스도의 피가 우리를 향해 뿌려짐으로 우리가 거룩해졌습니다. 그리스도께서 행하신 이 사역으로 말미암아 우리는 참으로 구원을 얻게 되었습니다.

시편 20편과 **시편 21편**은 하나님께 도움을 간구하는 기도입니다. 환난 날에 하나님은 응답하십니다. 특히 하나님은 기름 부음 받은 자를 구원하십니다. 본문에서는 왕을 구하시는 하나님의 능력을 노래하고 있습니다. "여호와여 왕을 구원하소서"(20:9), "왕이 여호와를 의지하오니 지존하신 이의 인자함으로 흔들리지 아니하리이다"(21:7). 하나님은 당신이 기름 부어 세우신 왕을 구하시고 도우십니다. 베드로는 성도를 왕 같은 제사장(벧전 2:9)이라고 합니다. 참된 왕이시요 제사장이신 그리스도 안에 거하는 성도들은 모두가 기름 부음 받은 자와 같은 신분을 얻습니다. 그러므로 성도

는 다윗이 기도한 것처럼 하나님께 도움을 간구할 수 있습니다. 하나님은 자기 백성을 위해 크신 팔을 항상 펼치십니다.

잠언 31장은 르무엘 왕이 그의 어머니에게 받은 잠언입니다. 여기에서도 르무엘이 정확히 누군지는 알 수 없습니다. 다만 그가 왕이었다는 사실은 알 수 있습니다. 그래서 이 잠언은 앞서 말한 바와 같이 왕 같은 제사장으로 살아가는 모든 성도들에게도 해당되는 지혜의 말씀이라 할 수 있습니다. 왕은 자신을 절제해야 합니다. 함부로 술을 마시면 안 됩니다. 판단력을 잃어버릴 수 있기 때문입니다. 무지하고 무력한 자를 위해 올바로 재판해야 합니다. 또한 현숙한 여인을 맞아야 합니다. "고운 것도 거짓되고 아름다운 것도 헛되나 오직 여호와를 경외하는 여자는 칭찬을 받을 것이라"(30절). 잠언은 여호와를 경외하는 것이 지식의 근본이라는 말씀으로 시작하여 여호와를 경외하는 여자가 참되다는 말씀으로 끝납니다. 즉, 정말로 지혜롭고 참된 인생은 하나님을 경외하는 것이라는 교훈으로 마무리합니다. 그리스도 안에서 경외심이 회복된 사람은 하나님을 의지하고 하나님의 뜻대로 살아갑니다.

디모데전서 2장은 기도의 필요와 질서를 가르칩니다. 바울은 디모데에게 기도할 것을 권합니다. 특히 임금들과 높은 지위에 있는 사람을 위하여 기도하라고 합니다. 고요하고 평안한 생활 가운데 복음을 전파하기 위해서입니다. 복음은 이것입니다. '그리스도 예수께서 모든 사람을 위하여 자기를 대속물로 주셨다'(6절). 레위기에서 살펴보고 있는 것처럼, 예수님은 자기 자신을 대속 제물로 내어 주셔서 모든 사람을 위한 중보자가 되셨습니다. 본문은 잠언 31장 후반부에서 현숙한 여인에 관해 가르치고 있는 것과 비슷하게 교회 안에 있는 여자가 어떻게 행동해야 하는지를 가르칩니다. "하나님을 경외한다 하는 자들에게 마땅한 것"을 권면합니다(10절). 하나님을 경외하는 사람은 말씀이 가리키는 대로 움직입니다.

4월 April 14

레위기18장 • 시편22편 • 전도서1장 • 디모데전서3장

레위기 18장은 이방인의 풍속을 따르지 말라고 명령합니다. 거주하던 애굽 땅의 풍속이나 들어가게 될 가나안 땅의 풍속과 규례를 따라 해서는 안 됩니다. 오직 하나님의 법도와 규례만을 지켜 그대로 행해야 합니다. 이것이 하나님께서 주신 생명의 법입니다. 특히 성적인 풍속을 경계하는데, 근친상간, 동성애, 수간 등을 금합니다. 이 가증한 풍속을 따를 시에는 반드시 이스라엘 중에서 끊어지게 될 것이라고 경고합니다. 도덕법과 관련하여서 우리는 그 규정과 의미를 잘 살펴서 적용해야 합니다. 이방인의 풍속을 따르지 말고 하나님의 법도를 따르라는 명령은 오늘날에도 유효합니다. 우리 시대가 음란한 문화를 아무리 당연시한다 하여도, 성도는 성경이 말하는 울타리 안에 머물러야 합니다. 그것이 복이요 생명입니다.

전도서 1장은 헛된 세상에 대해 교훈합니다. 전도자는 이 세상에 속한 모든 것이 헛되다고 말합니다. 그 어떤 것도 참된 유익을 줄 수 없다고 말합니다. 모든 것은 돌고 돌아 결국 제자리로 갑니다. 열심히 일하지만 실제로는 아무런 소득을 얻지 못합니다. 다람쥐 쳇바퀴 돌 듯 늘 그 자리입니다. 이것이 세상에 속한 것들의 모습입니다. 전도자는 마음을 먹고 하늘 아래에서 일어나는 모든 일들을 연구해 봅니다. 지혜를 더 많이 얻어보고 지식을 더 많이 습득해 봤습니다. 하지만 이 모든 것이 바람을 잡는 것과 같을 뿐입니다. 그냥 수고로운 인생에 불과했던 것입니다. 애굽과 가나안의 풍속이 이제 막 민족이 된 이스라엘의 풍속보다 훨씬 탁월하고 뛰어난 것처럼 보여도 그것 또한 바람일 뿐입니다. 세상의 풍속을 따르면 참된 유익이 없습니다. 참된 유익은 오직 하나님께만 있습니다. 그러

므로 하나님을 신뢰하고 그분의 말씀에 열심히 순종하는 것만이 꽉 찬 인생을 만듭니다.

디모데전서 3장은 교회 직분자의 자격에 관한 교훈입니다. 감독의 직분을 맡을 자와 집사의 직분을 맡을 자에 대해 각각 말하고 있습니다. 한마디로 말하자면 경건한 자라고 할 수 있습니다. 하나님을 사랑하고 이웃을 사랑하되 하나님의 말씀에 따라 삶의 질서가 올바로 잡힌 자가 직분을 맡아야 합니다. 또한 모든 것에 충성되고 절제할 줄 알며 잘 다스릴 줄 아는 자여야 합니다. 그는 삶 속에 선한 증거가 있어야 하는데, 심지어 이방인에게도 인정을 받을 만큼이어야 합니다. 확실히 구별된 삶을 사는 자가 직분을 맡아야 한다는 것입니다.

시편 22편은 세상 사람들에게 조롱당하고 하나님께 버림받은 한 사람의 절규입니다. 다윗은 하나님께서 어찌하여 자신을 버리셨는지를 물으면서 이 시를 시작합니다. 세상 사람들이 그를 조롱거리로 삼고 있습니다. 무엇보다 심각한 것은 하나님께서 그를 멀리하시는 것처럼 느껴진다는 점입니다. 이것이 다윗의 가장 큰 고통이었습니다. 본문에 나오는 다윗의 절규는 십자가에 달리신 예수님의 절규이기도 합니다. 실제로 복음서의 저자들은 본문에 나오는 구절이 십자가 아래에서 성취되었다고 증거합니다. "내 겉옷을 나누며 속옷을 제비 뽑나이다"(18절). 예수님은 우리가 당해야 할 조롱을 대신하여 당하셨습니다. 우리가 당해야 할 버림받음을 대신하여 당하셨습니다. 그로 말미암아 우리는 영광을 얻고 자녀가 되었습니다. 그리스도로 말미암아 하나님의 백성이 된 우리는 이제 세상에서 어떻게 살아야 할까요? 세상의 조롱을 기꺼이 당해야 하지 않을까요? 세상의 풍속을 따르기보다는 그리스도의 길을 따라야 하지 않을까요? 하나님의 말씀을 지켜 그대로 행하는 자는 헛된 세상에서도 참된 유익을 얻을 것입니다.

4월 April 15

레위기19장 • 시편23-24편 • 전도서2장 • 디모데전서4장

레위기 19장은 거룩한 삶의 지침입니다. 여기서 가장 중요한 말씀은 이것입니다. "너희는 거룩하라 이는 나 여호와 너희 하나님이 거룩함이니라"(2절). 거룩함은 하나님의 속성입니다. 하나님께 속한 자라면 당연히 하나님의 속성을 닮아 가야 합니다. 본문에는 십계명과 유사한 구절이 많습니다. 부모 공경과 안식일 준수, 그리고 우상 숭배 금지를 말합니다. 공동체 윤리에 해당하는 말씀도 많습니다. 곡식이나 열매를 모두 거두지 말고 가난한 사람과 나그네가 먹을 수 있도록 남겨 두라는 말씀 등입니다. "도둑질하지 말라, 살인하지 말라, 간음하지 말라" 등의 십계명을 확장하여 적용한 구절도 많습니다. 하나님께서 원하시는 바는 다음과 같습니다. "너희는 내 모든 규례와 내 모든 법도를 지켜 행하라 나는 여호와이니라"(37절).

시편 23편과 **시편 24편**은 모든 것을 풍족하게 채우시는 하나님을 노래합니다. 우리가 하나님의 말씀을 믿고 순종할 수 있는 이유는 하나님께서 선한 목자가 되시기 때문입니다. 하나님을 따라가는 삶에는 부족함이 없습니다. 하나님의 선하심과 인자하심은 인생의 가장 어려운 시기에도 항상 함께합니다. 이 세상의 모든 것은 하나님의 것입니다. 이것을 아는 사람은 하나님을 떠나 살지 않습니다. "그는 여호와께 복을 받고 구원의 하나님께 의를 얻으리니"(24:5). 성도는 하나님의 말씀을 따라 살아갑니다. 하나님께서 주신 모든 규례와 법도를 지켜 행합니다. 하나님께서 의의 길로 인도하신다는 사실을 믿기 때문입니다.

전도서 2장은 헛된 것들을 나열합니다. 전도자는 계속해서 실험 중입니다. 이번에는 세상적인 즐거움을 추구해 봅니다. 술을 마셔 보기도 하고 사업을 크게 해 보기도 합니다. 자기를 위하여 아름다운 집과 포도원을 만들기도 합니다. 돈을 많이 벌어 보기도 하고 처첩을 많이 두기도 했습니다. 그러나 이 모든 것이 바람을 잡는 일에 불과하다고 평가합니다. 지혜를 열심히 탐구하였지만 그것도 헛되다는 사실을 깨달았습니다. 죽음 앞에서는 지혜자나 우매자나 모두 평등하기 때문입니다. 결국 세상 속의 인생은 이럴 뿐입니다. "일평생에 근심하며 수고하는 것이 슬픔뿐이라 그의 마음이 밤에도 쉬지 못하나니 이것도 헛되도다"(23절). 물론 세상살이가 모두 슬픈 것만은 아닙니다. 먹고 마시고 일하는 것으로 일정한 만족을 얻을 수 있습니다. 하나님께서 사람을 그렇게 만들어 놓으셨기 때문입니다. 그러나 그것도 영원한 만족은 아닙니다. 영원한 만족은 이 세상에 있지 않고 하나님께 있습니다.

디모데전서 4장은 지혜로운 교사가 될 것을 권합니다. 거짓 교사가 교회에 침투하여 거짓 교훈을 가르치는 일은 그때나 지금이나 마찬가지입니다. 당시 거짓 교사들은 율법주의를 계속하여 가르쳤습니다. 바울은 그리스도 안에서 새로운 교훈이 생겼음을 상기시키면서 디모데에게 좋은 교훈으로 성도를 양육하라고 말합니다. "너는 이것들을 명하고 가르치라"(11절). 가르침은 목사의 중요한 책무입니다. 바른 교훈을 가지고 열심히 가르칠 때 가르치는 자와 듣는 자 모두가 성숙해질 수 있기 때문입니다. 그러므로 성도들은 가르침 받기를 소홀히 하지 마십시오.

4월 April 16

레위기20장 • 시편25편 • 전도서3장 • 디모데전서5장

레위기 20장은 거룩한 삶의 지침을 반복합니다. 본문은 18장과 19장에 나오는 내용을 순서만 바꾸어 반복합니다. 몰렉에게 자식을 바치는 행위, 접신한 자를 따르는 행위 등은 반드시 저주를 받습니다. 간음, 근친상간, 수간 등도 죽임을 당합니다. 비슷한 법도와 규례를 반복하고 있다는 것은 그만큼 중요하다는 뜻입니다. "너희는 내가 너희 앞에서 쫓아내는 족속의 풍속을 따르지 말라 그들이 이 모든 일을 행하므로 내가 그들을 가증히 여기노라"(23절). 아무 생각 없이 세상 문화를 즐겨서는 안 됩니다. 그것이 하나님께서 싫어하실 만한 일은 아닌지를 말씀 앞에서 따져 봐야 합니다. 거룩한 삶을 위해 하나님의 말씀을 자기 삶에 적용하는 것은 성도가 가져야 할 마땅한 자세입니다.

시편 25편은 주의 진리대로 살기를 바라는 간구입니다. 거룩한 삶을 위해 성도는 주의 진리로 교훈을 받아야 합니다. 다윗은 말씀대로 사는 것이 수치를 당하지 않는 지름길이라고 확신했습니다. 그래서 하나님의 진리대로 지도받기를 갈망했습니다. "여호와여 주의 도를 내게 보이시고 주의 길을 내게 가르치소서"(4절). 그는 특히 하나님께서 가르치시는 분이라고 말합니다. "그의 도로 죄인들을 교훈하시리로다 온유한 자를 정의로 지도하심이여 온유한 자에게 그의 도를 가르치시리로다"(8-9절). 다윗의 마음을 우리도 가져야 합니다. 하나님만을 바라보고 그분의 도우심만을 사모해야 합니다. 하나님께서 당신의 진리와 도로 가르치시기를 간절히 원해야 합니다. 그것이 우리의 복이 되기 때문입니다.

디모데전서 5장은 가르치는 자의 태도를 교훈합니다. 바울은 남녀노소로 각각 나누어서 신중하고 온유한 자세로 그들을 대할 것을 디모데에게 권하고 있습니다. 올바로 교훈하고 분명하게 책망하라고도 말합니다. 성도에게는 가르치는 자를 이렇게 대하라고 권합니다. "잘 다스리는 장로들은 배나 존경할 자로 알되 말씀과 가르침에 수고하는 이들에게는 더욱 그리할 것이니라"(17절). 교회 안에서 가르치고 가르침을 받는 것은 매우 귀한 일입니다. 하나님은 자기 백성들을 가르치시는 분으로 그리스도 이후에는 이 일을 교회에 맡기셨습니다. 그러므로 교회, 특히 목사는 항상 바른 교훈을 가르치기에 힘쓰고, 성도는 가르침 받기를 사모해야 합니다. 가르침 안에서 거룩함이 성장하기 때문입니다.

전도서 3장은 하나님의 주권을 강조합니다. 사람들은 통제 욕구가 있어서 모든 것을 자기 시간대로 이루고 싶어 합니다. 하지만 모든 일에는 하나님께서 정하신 때가 있습니다. 모든 일은 사람이 원하는 때에 이루어지지 않고 하나님께서 정하신 때에 이루어집니다. 하나님께서 이와 같이 주권을 행사하시는 이유가 있습니다. "하나님이 이같이 행하심은 사람들이 그의 앞에서 경외하게 하려 하심"입니다(14절). 즉, 하나님께서 당신이 주권자라는 사실과 사람은 순종해야 하는 존재임을 가르치시기 위함입니다. 그러므로 사람은 자기의 처지가 어떠한지를 깨닫고 하나님께만 소망을 두어야 합니다. 하나님께 소망을 둔 사람은 감히 자신의 뜻을 내세우지 않고 하나님의 말씀 앞에서 신실하게 살아갑니다. 말씀의 가르침을 받고 그것을 지켜 그대로 행하는 성도가 됩시다.

레위기 21장은 제사장을 위한 몇 가지 지침입니다. 제사장은 백성들보다 더 엄격한 삶을 살아야 했습니다. 시체를 만져서는 안 되는데, 혈육을 제외하고는 장례식에도 참여할 수가 없었습니다. 머리털이나 수염을 자르는 등 살을 베는 행위를 해서도 안 됩니다. 결혼은 할 수 있지만 창녀나 이혼당한 여자와는 결혼할 수 없었습니다. 대제사장은 그보다 더 엄격한 삶을 살아야 했습니다. 대제사장은 그 어떤 시체와도 접촉이 금지되었고, 오직 처녀와만 결혼할 수 있었습니다. 여러 장애를 가진 사람은 제사장이 될 수 없었는데, 제사를 드리는 고된 노동을 감당할 수 없었기 때문입니다. 이와 같이 제사장이 더 엄격한 삶을 살아야 하는 이유는 그들이 거룩하신 하나님의 음식을 드리는 자(6, 8절)이기 때문입니다. 제사장은 눈에 확연히 보일 정도로 구별된 삶을 살아야 했습니다. 왕 같은 제사장인 오늘날의 성도에게도 적용할 수 있는 교훈입니다.

시편 26편은 거룩한 삶을 고백하고 다짐하는 성도의 기도입니다. 다윗은 자신이 주의 진리 중에 행하였다고 말합니다. 여호와를 의지하여 완전함에 행하였다고도 말합니다. 동시에 간사한 자와 동행하지 않을 것이고 앞으로도 완전함에 행할 것이라고 결심합니다. 다윗은 자신이 구별된 삶을 향하여 나아가고 있음을 고백하며 하나님께서 은혜 베푸시기를 기도합니다. **시편 27편**에서는 다윗의 거룩한 마음을 엿볼 수 있습니다. 구별된 삶은 거룩한 마음에서 나옵니다. 다윗은 하나님을 빛과 구원과 생명으로 여깁니다. 그래서 그 어떤 사람도 두려워하지 않습니다. 다윗이 바라는 것은 한 가지입니다. "내가 여호와께 바라는 한 가지 일 그것을 구하리니 곧 내가 내 평생에 여호와의 집에 살면서 여호와의 아름다움을 바라보며 그의 성전에서 사모하는 그것이라"(4절). 거룩한 마음에서 거룩한 기도가 나옵니다. 다윗은 오로지 하나님만을 찾습니다. 성도의 마음에는 하나님이 가득합니다.

전도서 4장은 인생의 고통을 말합니다. 악하고 불합리한 세상 속에는 학대받는 사람들이 있습니다. 정당한 성취를 시기하는 사람들과 성공을 위해 가족을 포기하는 사람들도 있습니다. 참으로 허망한 삶이지만, 여전히 사람들은 그렇게 살아갑니다. 이 세상에 참된 위로자가 없기 때문입니다(1절). 마음과 삶에 참된 위로를 받지 못한 사람은 헛된 인생을 살아갑니다. 반면에 참된 위로자를 만난 사람은 구별된 삶을 삽니다. 참된 위로자가 누구입니까? 몸과 영혼, 삶과 죽음에서 우리를 자신의 것으로 삼으시는 예수 그리스도이십니다.

디모데전서 6장은 바른 교훈을 따르는 삶을 가르칩니다. 바른 교훈을 힘써 가르쳐야 합니다. 거기에 더해 바른 교훈을 지키도록 힘써 권해야 합니다. "너는 이것들을 가르치고 권하라"(2절). 바른 교훈을 따르지 않는 사람은 세상 사람과 다를 바가 없는 삶을 살게 됩니다. 교만하여서 온갖 분쟁을 일으킵니다. 경건을 이익의 방도로 생각합니다. 탐욕이 가득하고 돈을 사랑합니다. 반면에 바른 교훈을 따르는 사람은 구별된 삶을 삽니다. 세상에 속한 삶을 피하고 믿음의 선한 싸움을 싸웁니다. 성도의 유일한 위로, 곧 예수 그리스도께서 오실 때까지 이 명령을 지켜서 거룩한 삶을 만들어 갑니다. 성도는 헛된 재물에 마음을 두지 않고 자비를 베푸는 일을 실천합니다.

4월 April 18

레위기22장 • 시편28-29편 • 전도서5장 • 디모데후서1장

레위기 22장은 제사장에 관한 규례와 서원제, 자원제에 관한 규례입니다. 21장에 이어 제사장이 지켜야 하는 거룩한 삶의 지침이 나옵니다. 제사장은 부정하지 않은 상태에서 제물을 먹어야 합니다. 부정한 상태는 피부병이나 유출병에 걸렸을 때, 부정한 것에 접촉되었을 때 등에 발생합니다. 그때는 정결 의식을 완료한 후에야 거룩한 제물을 먹을 수 있습니다. 제사장의 음식은 아무나 먹을 수 없었습니다. 만약에 실수로 그 음식을 먹으면 오분의 일을 더하여 갚아야 했습니다. 서원제나 자원제 등 강제적인 의무가 없는 제사라 할지라도 그 제사에 사용되는 제물은 흠이 없는 것이어야 합니다. 거룩하신 하나님께 드리는 제물이기 때문입니다. 하나님은 자신의 거룩함을 반복해서 강조하십니다. "너희는 내 성호를 속되게 하지 말라 나는 이스라엘 자손 중에서 거룩하게 함을 받을 것이니라"(32절). 거룩하신 하나님께 구원받은 사람들은 거룩해야 합니다. 하나님께서 그것을 요구하시기 때문입니다. 거룩함이 구원의 전제 조건은 아니지만 구원의 열매라는 사실을 잊지 마십시오.

시편 28편은 거룩한 백성들의 소리를 들으시는 하나님을 노래합니다. 다윗은 주의 지성소를 향하여 손을 들고 부르짖을 때에 자신의 간구하는 소리를 하나님께서 들으시기를 기도합니다. 거룩한 백성만이 주의 지성소를 향해 기도할 수 있습니다. 그리고 거룩한 백성이 당하는 박해를 가지고 거룩하신 하나님께 호소할 수 있습니다. 다윗은 박해하는 사람들을 묘사하며 하나님께서 그들을 무너뜨리시길 기도합니다. 오직 하나님만이 기름 부음 받은 자의 구원의 요새이시기 때문입니다. **시편 29편**은 하나님께 합당한 거룩한 예배를 독려합니다. "여호와께 그의 이름에 합당한 영광을 돌리며 거룩한 옷을 입고 여호와께 예배할지어다"(2절). 하나님께 거룩한 삶과 거룩한 예배를 드려야 하는 이유는 하나님만 참으로 하나님이시기 때문입니다. "여호와의 소리가 물 위에 있도다 영광의 하나님이 우렛소리를 내시니 여호와는 많은 물 위에 있도다"(3절).

전도서 5장은 거룩한 예배와 거룩한 삶에 관한 교훈입니다. 바람을 잡는 것과 같은 인생이 영원한 유익을 얻는 인생이 되기 위해서는 하나님을 경외해야 합니다. 하나님의 집에 나아가 경건한 예배를 드리고 말씀을 듣는 것이 가장 유익합니다. 함부로 말하는 것은 어리석은 짓입니다. 하나님의 주권과 섭리는 그 누구도 완벽히 알 수 없기 때문입니다. 하나님을 경외하고 말을 적게 하는 것이 지혜입니다. 거룩한 예배를 드릴 줄 아는 사람은 거룩한 삶이 무엇인지를 압니다. 헛된 것과 영원한 것을 구별할 수 있기 때문입니다. 재물과 부요가 이 땅에서 즐거움을 주는 요소는 될 수 있지만 영원한 유익이 될 수는 없습니다. 그러므로 그것에 집착하여 사는 것은 어리석은 짓입니다. 하나님을 경외하고 거룩한 예배를 드리며 거룩한 삶을 사는 것만이 헛된 세상에서 참된 만족을 얻는 유일한 방법입니다.

디모데후서 1장은 복음과 함께 고난을 받으라는 바울의 권면입니다. 하나님은 우리를 구원하셔서 거룩한 소명으로 부르셨습니다. 우리의 행위를 따라 그렇게 하신 것이 아니라 당신의 뜻과 그리스도 예수 안에서 우리에게 주신 은혜를 따라 그렇게 하셨습니다. 이것이 바로 복음입니다. 성도들은 이 복음을 위하여 선포자와 사도와 교사로 세우심을 받은 것입니다(11절). 그러므로 성도는 하나님께서 주신 마음, 곧 능력과 사랑과 절제의 마음으로 복음과 함께 고난을 받아야 합니다. 복음 안에서 거룩하신 하나님께 나아갈 수 있게 되었으니 이제는 복음을 따라 거룩한 삶을 살아야 한다는 것입니다.

4월 April 19

레위기23장 • 시편30편 • 전도서6장 • 디모데후서2장

레위기 23장은 절기에 관한 규정입니다. 거룩한 제사와 거룩한 삶에 이어 거룩한 날을 다룹니다. 본문에 나오는 절기는 안식일, 유월절과 무교절, 곡물의 첫 수확 시기, 그로부터 오십 일 이후, 일곱째 달 첫날, 속죄일, 그리고 초막절입니다. 이날들은 하나님의 구원하심과 돌보심을 기억하고 그분을 높여 드리기 위해 제정되었습니다. 매주 찾아오는 안식일을 통해 하나님의 창조와 구원을 기억합니다. 유월절과 무교절을 통해 하나님의 구원을 생각합니다. 곡식을 수확하는 날에는 하나님의 돌보심을 생각하고 감사합니다. 속죄일에는 죄와 용서를 생각하고 초막절에는 광야의 사건들을 기억합니다. 사람의 기억에는 한계와 왜곡이 있습니다. 하나님은 누구보다 그 사실을 잘 알고 계십니다. 그렇기에 당시 이스라엘 백성들은 거룩한 날들을 통해 하나님과 그분의 사역을 생각할 필요가 있었습니다. 오늘날에는 이 모든 절기들이 그리스도 안에서 완성되었기에 성도는 매일 말씀 안에서 그리스도를 묵상해야 합니다. 또한 매주 돌아오는 주의 날에 하나님의 구원하심과 돌보심을 깊이 생각해야 합니다.

시편 30편은 성전 낙성가입니다. 다윗이 하나님께 새 생명을 받았다고 노래한 이 시를 후대 사람들이 잃어버린 성전을 되찾고 하나님께 드린 날에 낭독하였기 때문입니다. 그런 의미에서 이 시는 하나님의 구원하심과 돌보심에 관한 구절로 가득합니다. 다윗이 죽을병에 걸렸던 듯합니다. "여호와 내 하나님이여 내가 주께 부르짖으매 나를 고치셨나이다"(2절). 죽을 지경에 이르렀던 다윗을 하나님께서 살리셨습니다. 다윗은 이 사건을 기억하고자 했습니다. "주의 성도들아 여호와를 찬송하며 그의 거룩함을

기억하며 감사하라"(4절). 하나님께서 자신을 돌보셔서 살리신 사건에 다윗은 감격하였고, 그것을 노래로 만들어 불렀습니다. 하나님과 그분의 사역을 기억하는 것은 신앙의 출발입니다. 우리가 말씀을 읽고 설교를 들으며 찬양을 하는 이유입니다.

전도서 6장은 진정한 행복이 무엇인지를 묻습니다. 한 사람이 있습니다. 그는 모든 것을 받았습니다. 돈과 명예도 충분하게 있었습니다. 자녀도 많이 있었습니다. 그러나 하나님께서 그에게 병을 주셔서 그것을 전혀 누리지 못하도록 하셨습니다. 그는 과연 행복할까요? 사람의 행복은 외부적인 요소에 따라 결정되지 않습니다. 그것이 일정하게 필요한 것은 맞습니다. 그러나 하나님께서 이 모든 것을 균형 있게 허락해 주셔야만 합니다. 하나님께서 허락하시지 않으면 탐욕을 갖고 열심을 부리는 일이 인생에 헛된 것을 더하는 일밖에 되지 않습니다. 그러므로 성도는 더 많은 풍요를 추구하기보다 하나님께서 주신 것들을 기억하고 그것에 만족하는 삶을 우선시해야 합니다. 하나님과 그분의 사역을 생각하는 것이 참된 행복을 가져다줍니다.

디모데후서 2장은 그리스도를 기억하라는 권면입니다. 성도, 특히 목사는 병사나 선수나 농부처럼 살아야 합니다. 수고하며 살 때 소득을 얻을 수 있다는 의미입니다. 바울은 이 비유를 통해 복음과 함께 고난을 받는 삶이 왜 필요한지를 가르칩니다. 우리가 주와 함께 죽었고 또한 살 것이며 왕 노릇 할 것이기 때문입니다. 이것은 바울의 일관된 논리입니다. 그리스도 안에 있는 사람은 그리스도와 함께 삽니다. "내가 전한 복음대로 다윗의 씨로 죽은 자 가운데서 다시 살아나신 예수 그리스도를 기억하라"(8절). 그리스도를 기억하는 것은 거룩한 삶의 기초입니다. 그리스도를 붙든 자만이 바울이 권면하는 대로 살아갈 수 있습니다.

4월 April **20**

레위기24장 • 시편31편 • 전도서7장 • 디모데후서3장

레위기 24장은 율법의 적용을 다룹니다. 앞부분에서는 등잔불을 계속 해서 켜 둘 것과 떡을 진설하는 것에 관해 말합니다. 앞서 말한 율법을 반복해서 강조합니다. 뒷부분에는 율법 적용의 사례가 나옵니다. 이스라엘 여인과 애굽 남자 사이에서 태어난 아이가 율법을 어깁니다. 이 경우에는 어떻게 적용해야 할까요? 하나님은 동일하게 적용하라고 말씀하십니다. 이스라엘 민족 가운데 거하는 사람들은 모두 율법의 적용 대상입니다. 특히 본문에서는 하나님의 이름을 저주하는 죄를 엄중하게 다루고 있습니다. 실수로라도 하나님의 이름을 경시하는 말을 하지 않도록 항상 입술을 지켜야 합니다. 모든 언어와 삶을 통해 하나님의 이름을 높이기 위해 힘씁시다.

시편 31편은 곤경에 빠진 다윗이 하나님께 기도하는 시입니다. 다윗은 주의 이름을 위해서 자신을 인도하고 지도해 주시라고 기도합니다. 하나님은 당신의 이름을 친히 높이십니다. 또한 당신의 영광을 위하여 당신의 백성들을 돌보십니다. 다윗은 매우 합당한 토대 위에서 기도를 드리고 있습니다. 다윗의 기도는 두 가지를 반복합니다. 첫째는 자신의 곤란한 처지입니다. 그는 깊은 수렁에 빠져 있습니다. 스스로 고통 중에 있다고 표현합니다. 그러나 다윗은 낙망하여 넘어지지 않습니다. 하나님을 향한 굳건한 신뢰를 가지고 나아갑니다. 이것이 둘째입니다. 기도는 이 두 가지에 근거합니다. 무력하고 비참한 우리의 처지에서 자비로우시고 능력이 많으신 하나님께로 나아가는 것, 그것이 기도입니다.

전도서 7장은 인생의 무력과 하나님의 완전하신 섭리를 대조합니다. 전도자는 인생을 진중하게 대할 것을 권합니다. 초상집에 가는 것이 잔칫집에 가는 것보다 나은 이유는 우리에게 인생을 진지하게 생각할 수 있는 기회가 되기 때문입니다. 지혜로운 자의 책망을 듣는 것이 우매한 자의 노래를 듣는 것보다 나은 이유이기도 합니다. 인생을 진지하게 대하는 사람은 자신의 무력함을 깨닫습니다. 아무리 노력을 해도 곧게 펼 수 없는 것이 있음을 발견합니다. 형통한 날과 곤고한 날 모두가 하나님의 완전하신 섭리 안에 있음도 발견합니다. 자기를 높이지 않고 하나님을 경외합니다. 자신이 모든 것을 통찰할 수 있다는 교만에서 벗어납니다. 오직 하나님의 이름만 높임 받기에 합당하다는 진리를 깨닫게 됩니다.

디모데후서 3장은 악한 시대에 하나님의 말씀을 더욱 사랑할 것을 가르칩니다. 말세에는 여러 특징이 있습니다. 가장 대표적인 특징은 자기 사랑입니다. 자기 사랑에서 나오는 온갖 악한 행위를 하는 사람들이 교회 안까지 들어옵니다. 성도는 그런 사람들로부터 돌아서야 합니다. "경건의 모양은 있으나 경건의 능력은 부인하니 이 같은 자들에게서 네가 돌아서라"(5절). 성경을 붙들고 그 안에 거해야 합니다. 성경은 교훈과 책망과 바르게 함과 의로 교육하기에 유익합니다. 하나님의 사람으로 하여금 온전하게 하고 모든 선한 일을 행할 능력을 갖추게 합니다. 하나님의 말씀만이 우리를 이 악한 세상에서 건져 내어 거룩한 삶을 향해 나아갈 수 있도록 만듭니다.

4월 April 21

레위기25장 • 시편32편 • 전도서8장 • 디모데후서4장

레위기 25장은 안식년과 희년에 관한 구체적인 규정입니다. 안식년 규례는 땅을 쉬게 하기 위한 것입니다. 안식일을 확장한 것으로 7년째 되는 해를 안식년으로 삼습니다. 이 해에는 농사를 짓지 말고 땅을 쉬게 해야 했습니다. 희년은 칠 년이 일곱 번 지나고 다음 해, 곧 오십 년째 해입니다. 이 해에도 땅을 쉬게 해야 했습니다. 또한 빚을 탕감하고 땅을 돌려주어야 했습니다. 일종의 자유와 해방의 날이었던 것입니다. 뒷부분에서는 이 규례, 곧 땅을 돌려주는 문제와 노예를 자유하게 하는 문제를 더욱 자세히 설명합니다. 안식년과 희년은 하나님께서 자기 백성에게 복 주시기 위한 규정입니다. 동시에 믿음을 세우기 위한 것이기도 합니다. 쉽게 말해서, 하나님께서 친히 백성들을 돌보심을 가르치기 위한 것이며, 동시에 그것에 대한 믿음을 요구하시기 위한 것입니다. 안식일과 마찬가지로 안식년과 희년은 예수 그리스도의 그림자입니다. 그리스도 안에서 우리는 참된 안식과 자유를 누립니다.

시편 32편은 허물의 사함을 받은 자가 부르는 노래입니다. 다윗은 복 있는 자가 누구인지를 설명합니다. "허물의 사함을 받고 자신의 죄가 가려진 자는 복이 있도다. 마음에 간사함이 없고 여호와께 정죄를 당하지 아니하는 자는 복이 있도다"(1-2절). 정말로 복된 사람은 진정한 용서를 받은 자입니다. 용서받은 자는 안식과 자유를 누립니다. 그렇다면 어떻게 해야 용서를 받을 수 있을까요? 다윗은 다음과 같이 말합니다. "내가 이르기를 내 허물을 여호와께 자복하리라 하고 주께 내 죄를 아뢰고 내 죄악을 숨기지 아니하였더니 곧 주께서 내 죄악을 사하셨나이다"(5절). 죄를 드러내고 용

서를 구하는 자가 용서를 받습니다. 하나님은 그리스도를 주셔서 우리가 죄 사함을 받을 수 있는 길을 내셨습니다. 그러므로 누구든지 자기 죄를 자복하고 그리스도를 붙들면 용서를 얻습니다. 용서받은 자만이 참된 평안을 누립니다.

전도서 8장에서는 꼬여 있는 세상을 관찰합니다. 세상은 악합니다. 권력자들이 약한 자들을 압제합니다. 악한 사람이 평생 동안 부귀영화를 누리다가 죽은 후에도 명예를 얻습니다. 심지어 악인들은 높임을 받고 의인들은 박해를 받는 일도 있습니다. 이 모순된 세상을 이해해 보려고 열심히 노력을 해 보지만 완전히 통찰할 수 있는 사람은 아무도 없습니다. 이 세상에는 참된 안식도 없고 참된 자유도 없습니다. 그러므로 우리는 이 세상에서 참된 안식과 자유를 찾아서는 안 됩니다. 이 꼬여 있는 세상에 진정한 안식과 자유를 가져다줄 수 있는 분은 예수 그리스도밖에 없습니다.

디모데후서 4장은 말씀을 전파하라는 권면과 바울의 끝인사입니다. 바울은 디모데에게 때를 얻든지 못 얻든지 말씀을 전파하라고 말합니다. 말씀 전파만이 이 꼬여 있는 세상에 진정한 안식과 자유를 줄 수 있기 때문입니다. 비록 사람들이 바른 교훈을 싫어하고 자기 욕망을 채워 줄 거짓 교사를 따라다닌다 할지라도 복음 전도자는 끝까지 그리스도의 말씀을 전해야 합니다. 그리스도만이 이 땅의 안식년이요 희년이 되시기 때문입니다.

4월 22 April

레위기26장 • 시편33편 • 전도서9장 • 디도서1장

레위기 26장은 축복과 저주를 말합니다. 하나님은 지금까지 말씀하신 율법을 간단하게 요약하여 명령하십니다. 우상 숭배하지 말고 안식일을 지키며 성소를 경외하라는 것입니다. 만약에 이것을 잘 준행하면 여섯 가지의 축복을 받을 것입니다. 반면에 이것을 준행하지 않으면 여섯 가지의 저주를 받을 것입니다. 축복과 저주는 안전과 풍요에 관한 것입니다. 그리스도를 믿는 우리에게는 이 축복과 저주가 그대로 적용되지는 않습니다. 예수 그리스도께서 축복과 저주로 나뉘는 이 율법을 모두 순종하셨기 때문입니다. 그러므로 성도는 여기에서 말하는 복을 소유하게 된 사람입니다. 다만 하나님께서 순종을 얼마나 좋아하시는지를 깨달아야 합니다. 순종하는 자에게 한없는 복을 주시겠다는 하나님의 마음과 불순종하는 자에게 큰 저주를 하시겠다는 하나님의 마음을 깨달아서 즐거이 순종하는 성도가 되어야겠습니다.

시편 33편은 위대하고 신실하신 하나님을 찬양합니다. 찬양하라고 외치는 다윗의 마음은 하나님으로 충만합니다. 자기가 할 수 있는 모든 것을 가지고 찬양하고 싶어 합니다. 하나님은 참으로 진실하시고 공의로우시기 때문입니다. "그가 말씀하시매 이루어졌으며 명령하시매 견고히 섰도다"(9절). 특히 하나님의 신실하신 말씀을 노래합니다. 하나님의 말씀은 역사와 인생 중에 반드시 이루어지기 때문입니다. 그러므로 하나님의 기업으로 선택된 백성은 정말 복됩니다. 복된 백성들은 하나님을 경외하고 그분의 말씀에 순종합니다. 그분은 우리의 도움과 방패가 되시기 때문입니다.

전도서 9장은 모든 것이 하나님 손 안에 있다고 선언합니다. 인생은 큰 차이가 없습니다. 악한 자나 선한 자, 제사를 드리는 자나 드리지 않는 자, 맹세하는 자나 맹세하지 않는 자 모두가 죽기 때문입니다. 그러므로 자기 자신에게 소망을 두고 차이를 만들려고 하는 자는 어리석은 자입니다. 하나님을 온 마음을 다해 경외하고 그분의 말씀에 순종하는 자가 지혜로운 자입니다. 지나치게 마음을 높일 필요도 없고 과도하게 우울해할 필요도 없습니다. 그저 모든 것을 하나님께서 주셨다고 믿고 그것을 즐겁게 누리면 됩니다. 하나님을 경외하는 자는 단순한 삶, 곧 순종하고 즐거워하는 삶을 삽니다.

디도서 1장은 목회자인 디도가 그레데에서 해야 할 일을 가르칩니다. 바울은 디모데와 마찬가지로 젊은 목사인 디도에게 여러 가지를 권면합니다. 장로와 감독을 어떤 기준으로 세워야 하는지를 말합니다. 그리고 특별히 "불순종하고 헛된 말을 하며 속이는 자"(10절)의 입을 막으라고 권면합니다. 할례파, 곧 유대인 중에 이런 사람들이 많다고 합니다. 그들은 더러운 이득을 취하려고 거짓 교훈을 가르침으로 가정을 무너뜨립니다. 입으로는 하나님을 말하지만 행위로는 부인하는 자를 항상 경계해야 합니다. 순종이 구원을 결정하는 것은 아니지만 순종은 여전히 가치가 있습니다. 불순종을 지속하는 자를 교회는 엄중한 잣대를 가지고 지켜봐야 합니다.

4월 April 23

레위기27장 • 시편34편 • 전도서10장 • 디도서2장

레위기 27장은 각종 서원에 관한 규정입니다. 서원과 관련하여 핵심적인 규정은 헌금입니다. 서원한 사람, 서원한 짐승, 서원한 집, 서원한 밭 등을 대신하여 어떻게 헌금할 것인지를 정합니다. 이것을 통해 하나님은 성막의 재정을 충당하도록 하셨습니다. 여기서 말하는 서원은 일종의 자발적인 제사를 뜻합니다. 앞서 의무로 규정한 여러 제사에 더해 이스라엘 백성들은 기쁨과 감사로 하나님 앞에 서원할 수 있었습니다. 본문은 땅의 십분의 일을 여호와의 것으로 드려야 한다는 명령으로 마무리됩니다. 하나님을 향한 감사는 자연스럽게 헌신으로 드러납니다. 헌신에는 헌금이 꼭 포함됩니다. 신약과 구약의 일관된 주장입니다. 보물이 있는 곳에 마음이 있는 법입니다. '헌신'이라는 말이 오염되어 있는 것이 사실이라 할지라도 헌신은 신앙의 당연한 열매로 모든 성도가 해야 하는 것입니다.

시편 34편은 아비멜렉 앞에서 미친 척하다가 쫓겨난 다윗의 노래입니다. 다윗은 사울을 피해 블레셋으로 갑니다. 당시 블레셋 가드 왕 아기스의 신하들은 다윗을 의심합니다. 다윗은 의심을 피하기 위해 미친 척을 하여 살아남습니다. 얼마나 기가 막힌 상황입니까? 그럼에도 불구하고 다윗은 하나님을 찬양합니다. 기가 막힌 상황을 원망하기보다는 하나님께서 자신을 보호해 주셨다고 노래를 부른 것입니다. 세상이 이해할 수 없는 평안이 다윗의 심령에 있었기 때문입니다. "너희는 여호와의 선하심을 맛보아 알지어다 그에게 피하는 자는 복이 있도다"(8절). 다윗이 처한 상황도 기가 막히지만 다윗이 가지고 있는 신앙은 더욱 기가 막힙니다. 참된 신앙은 모든 상황을 돌파합니다.

전도서 10장은 지혜의 필요성을 강조합니다. 죽은 파리 한 마리가 향수에 들어가면 악취를 만들어 내듯이 어리석음이 인생 전체를 곤경에 빠뜨립니다. 그러므로 우리는 항상 지혜를 추구해야 합니다. 지혜는 하나님을 경외하는 마음에서 나옵니다. 시편 34편에서 다윗이 미친 척을 한 것도 지혜의 일종입니다. 인간적인 입장에서 볼 때는 매우 수치스러운 일일지도 모릅니다. 그러나 하나님을 경외하던 다윗의 입장에서는 하나님께서 높이실 때까지 인내해야 했습니다. 그러므로 다윗의 행동은 지혜로운 것입니다. 지혜로운 자는 모든 상황을 자존심의 문제로 여기지 않고 신앙의 문제로 여기기 때문입니다.

디도서 2장은 바른 교훈에 합당한 말을 하라는 권면입니다. 언어는 그 사람의 존재를 드러냅니다. 다윗이 미친 척하며 했던 말이 그의 신앙을 보여 주었듯이 사람의 언어는 모두 그가 어떤 사람인지를 보여 줍니다. 그러므로 예수 그리스도를 믿는 사람은 언어로 자신의 믿음을 나타내야 합니다. 특히 가르치는 자는 이 권면을 더욱 신중하게 받아야 합니다. 남녀노소에게 적절한 말로 교훈하고 가르쳐야 합니다. "이는 범사에 우리 구주 하나님의 교훈을 빛나게 하려 함이라"(10절). 올바른 가르침은 하나님의 교훈을 빛나게 하기 때문입니다. 그리스도의 복음을 바르게 이해하여 적절히 말하고 권면하며 책망하는 것은 꼭 필요한 일입니다(15절).

4월 April 24

민수기1장 • 시편35편 • 전도서11장 • 디도서3장

민수기 1장은 남자들의 숫자를 헤아리는 이야기입니다. 즉, 군사력을 계산하고 있는 장면입니다. 애굽에서 떠난 지 14개월이 되던 때입니다. 하나님은 20세 이상으로 싸움에 나갈 만한 자를 계수하라고 명하십니다. 모세는 하나님께서 명하신 대로 지명된 사람들을 데리고 20세 이상의 남자들을 셉니다. 그리고 각 지파별로 보고를 하는데, 총 603,550명입니다. 이 숫자에서 레위 지파는 제외됩니다. 성막을 지키는 일을 해야 했기 때문입니다. 이스라엘 백성들은 이 모든 명령에 순종합니다. "이스라엘 자손이 그대로 행하되 여호와께서 모세에게 명령하신 대로 행하였더라"(54절). 성막을 만들고 율법을 받은 이스라엘 백성들이 드디어 떠날 채비를 갖춥니다. 하나님의 말씀은 처음 애굽을 탈출할 때도 그렇지만 가나안을 향해 떠나는 지금도 출발점이 됩니다. 하나님은 이스라엘 백성들이 자신을 오롯이 의지하기를 원하십니다.

전도서 11장은 하루 속히 하나님께 의지하라고 말합니다. 우리 안에는 확실한 토대가 없습니다. 확신은 우리의 몫이 아닙니다. 하나님만이 만사를 성취하십니다. 그러므로 우리는 하나님을 의지하고 그분의 뜻에 우리를 맞추어 가야 합니다. 시간은 속히 흘러가니 가능한 빨리 하나님의 복된 말씀에 확신을 두고 살아가야 합니다.

시편 35편은 억울하고 원통한 상황을 하나님께 호소하는 기도입니다. "불의한 증인들이 일어나서 내가 알지 못하는 일로"(11절) 고발하고, "불량배가 내가 알지 못하는 중에 모여서 나를 치며 찢"는 일이 일어납니다(15

절). 억울하고 원통한 중에도 다윗은 하나님을 바라봅니다. 하나님께서 바르게 재판하시기를 기대하고 원수 된 자들이 소원을 성취하지 못하도록 간청합니다. 특히 다윗은 그들이 바람에 나는 겨와 같이 되기를 바라는데(5절), 이것은 시편 1편에 나오는 표현입니다. 악인은 바람에 나는 겨와 같기 때문입니다. 반면에 의인은 시냇가에 심은 나무와 같습니다. 하나님의 말씀을 즐거워하여 주야로 사모하기 때문입니다. 혹자가 말하듯이 시편 전체는 시편 1편의 해설과 같습니다. 복 있는 자와 악인을 대조하는데, 특히 악인이 통치하는 세상 속에서 복 있는 자가 하나님의 말씀에 의지하여 살아가는 모습을 묘사합니다. 악한 세상마저도 하나님을 의지하도록 만드는 선한 수단이 될 수 있습니다. 주의 복된 말씀을 주야로 묵상하고 의지합시다.

디도서 3장은 바울이 디도에게 성도를 바르게 인도하라고 명령하는 말씀입니다. 바울은 자신도 과거에는 어리석고 불순종하며 악한 자였다고 고백합니다. 그러나 하나님의 자비 안에서 그리스도로 말미암아 구원을 얻고 거룩한 삶을 살게 되었다고 합니다. 그러므로 형편없는 그레데 성도를 향해 바른 교훈으로 가르치고 그들을 인도하여서 선한 일을 하도록 만들라고 합니다. "너는 이 여러 것에 대하여 굳세게 말하라 이는 하나님을 믿는 자들로 하여금 조심하여 선한 일을 힘쓰게 하려 함이라 이것은 아름다우며 사람들에게 유익하니라"(8절). 하나님의 말씀을 열심히 가르치고 부지런히 배우며 힘써 실천해야 합니다. 이것이 하나님께서 원하시는 바이기 때문입니다.

4월 April 25

민수기2장 · 시편36편 · 전도서12장 · 빌레몬서1장

민수기 2장은 진영 배치에 관한 명령입니다. 하나님은 이스라엘 백성의 진영을 네 개 그룹으로 나누라고 말씀하십니다. 가장 중요한 것은 그 가운데 성막을 두는 것입니다. "회막을 향하여 사방으로 치라"(2절). 유다를 중심으로 잇사갈과 스불론이 성막의 동쪽에, 르우벤을 중심으로 시므온과 갓이 성막의 남쪽에, 에브라임을 중심으로 므낫세와 베냐민이 성막의 서쪽에, 단을 중심으로 아셀과 납달리가 성막의 북쪽에 진을 치고 행진하라고 명령하십니다. 중심에서는 레위 지파가 성막을 보호하며 함께 행진하도록 하십니다. 이 진영 배치를 통해 우리가 배울 수 있는 것은 "하나님 중심적인 신앙"입니다. 하나님을 중심으로 모든 것이 질서 있게 전개되어야 합니다. 하나님께서 질서의 중심이시고 행진의 동력이시기 때문입니다.

전도서 12장은 하나님을 경외하고 그의 명령들을 지키라고 말합니다. 전도자는 하나님 중심적 신앙을 강하게 권합니다. 그것도 하루 빨리 이와 같은 신앙을 가지라고 말합니다. 금방 나이가 들 것이고 곧 죽음이 찾아올 것이기 때문입니다. 그러므로 인생의 복잡한 경우들을 모조리 분석하려고 쓸데없는 열심을 낼 필요가 없습니다. 몸만 피곤하게 할 뿐입니다. 아무런 유익이 없습니다. 정말로 유익한 것은 하나님을 경외하는 신앙입니다. 하나님을 중심에 모시는 신앙을 뜻합니다. 하나님을 중심에 모신 사람은 하나님의 말씀대로 삽니다. 하나님께서 모든 것의 잣대가 되심을 알기 때문입니다.

시편 36편은 하나님 안에 있는 것들을 노래합니다. 다윗은 악인의 특징을 묘사하면서 이 시를 시작합니다. 악인은 하나님을 두려워하지 않습니다. 하나님을 잣대로 삼지 않기 때문입니다. 그래서 악한 일을 서슴지 않고 합니다. 그러나 하나님은 하늘에서 모든 것을 보고 계십니다. 하나님께는 의로움이 있고 인자하심이 있으며 온갖 복락이 있습니다. "진실로 생명의 원천이 주께 있사오니 주의 빛 안에서 우리가 빛을 보리이다"(9절). 그러므로 하나님을 참으로 아는 사람은 하나님을 중심으로 살 수밖에 없습니다. 모든 좋은 것들이 하나님께 있기 때문입니다. 하나님께 간청하고 하나님께 순종하며 하나님을 중심에 모시며 사는 자가 지혜로운 자입니다.

빌레몬서 1장은 오네시모를 위한 바울의 간구입니다. 오네시모는 빌레몬의 종이었습니다. 종이었던 그가 도망을 쳤다가 바울을 만나서 예수님을 믿게 되었습니다. 바울은 오네시모를 아들이라고 부릅니다. 복음 안에서 낳은 영적인 아들이라는 뜻입니다. 바울은 오네시모를 빌레몬에게 보내서 한 가지 일을 허락받고자 합니다. "그를 내게 머물러 있게 하여 내 복음을 위하여 갇힌 중에서 네 대신 나를 섬기게 하고자 하나 다만 네 승낙이 없이는 내가 아무것도 하기를 원하지 아니하노니 이는 너의 선한 일이 억지같이 되지 아니하고 자의로 되게 하려 함이라"(13-14절). 바울이 항상 전파하는 질서 있는 신앙의 모습이 여기에서도 드러납니다. 바울은 복음을 빌미로 아무렇게나 일을 처리하는 사람이 아닙니다. 그는 모든 것을 순리에 맞게 처리합니다. 복음은 혼란을 만들지 않고 질서를 세우기 때문입니다. 또한 복음에 따른 순종은 억지가 아니라 자원함으로 이루어지기 때문입니다. 하나님 중심, 복음 중심, 교회 중심은 그리스도를 참으로 아는 자만이 실천할 수 있는 신앙생활입니다.

4월 April 26

민수기3장 • 시편37편 • 아가1장 • 히브리서1장

민수기 3장은 레위 지파에 관한 이야기입니다. 나답과 아비후의 비극을 먼저 이야기하는 이유는 제사장 직분의 엄중함 때문입니다. 이어서 하나님은 레위 지파가 해야 할 일을 말해 주십니다. 그들의 직무는 크게 두 가지입니다. "아론의 직무와 온 회중의 직무를 위하여 회막에서 시무"하는 것입니다(7절). 즉 회막에서 일하면서 제사장을 돕고 회막을 찾아온 백성들을 돕는 일입니다. 레위 사람들은 이스라엘의 각 지파를 대표합니다. 그래서 각 지파의 장손들 숫자와 맞추는데, 그 차이는 돈으로 지불하도록 했습니다. 이를 통해 이스라엘 전체가 하나님의 소유라는 점을 강조하고 있습니다. 본문은 대표성의 원리를 잘 설명합니다. 이스라엘 전체가 하나님의 사람들이지만 하나님은 레위 지파를 대표 삼아 그것을 받으셨습니다. 모든 날이 하나님의 날이지만 하나님은 안식일을 대표 삼아 그것을 받으셨습니다. 모든 돈이 하나님의 돈이지만 하나님은 십일조를 대표 삼아 그것을 받으셨습니다. 그러므로 우리는 대표가 되는 이것들을 마음을 다해 바쳐서 나머지 것들까지 드릴 수 있어야 합니다. 무엇보다 이 대표성의 원리는 예수 그리스도를 통해 가장 잘 드러납니다. 하나님은 한 사람의 범죄로 찾아온 죽음을 한 사람의 순종을 통해 생명으로 바꾸어 놓으셨습니다. 첫째 사람은 아담이요 둘째 사람은 그리스도이십니다. 그러므로 아담 안에 있는 자는 모두 죄인이고, 그리스도 안에 있는 자는 모두 의인입니다. 그리스도께서 우리를 대신하여 죽으셨다는 이 복음의 진리가 마음속에서 큰 울림이 되기를 기도합니다.

히브리서 1장은 그리스도의 영광과 아름다움을 서술합니다. 모든 말씀은 그리스도를 가리킵니다. 하나님은 이제 그리스도 안에서 무엇이든 말씀하십니다. 그리스도께서 하나님의 영광의 광채요 본체의 형상이시기 때문입니다. 그는 천사보다 뛰어나신 분입니다. 저자는 특히 시편의 말씀을 많이 활용해서 그리스도를 말합니다. 그리스도는 구약에 머물러 계신 분이 아니라 구약을 완성하신 분입니다.

아가 1장은 사랑하는 남녀의 노래입니다. 노래 중의 노래라는 뜻의 아가는 솔로몬이 지은 시입니다. 왕인 솔로몬과 시골 출신 여인과의 드라마틱한 사랑을 이야기합니다. 1장은 주로 여인의 독백입니다. 그녀는 검은 피부를 가진 포도원지기입니다. 형제들의 시기와 질투를 받았는데, 그 탓에 포도원을 제대로 지키지 못했다고 합니다. 그러나 이제는 결혼식을 준비하며 신랑을 기다리는 아름다운 신부입니다. 그는 신랑이 속히 자신을 불러 주기를 원합니다. 아가는 남녀의 사랑을 통해 그리스도와 성도의 사랑을 묘사합니다. 성도는 신부와 같이 신랑을 기다려야 합니다. 비록 박해가 있다 할지라도 그것을 이겨 내고 신랑이신 그리스도를 끝까지 사랑해야 합니다. 그리스도를 믿는 믿음은 건조한 규칙 지키기가 아니라 뜨거운 사랑 고백에 기초합니다.

시편 37편은 악인에 대해 불평하지 말고 하나님께 끝까지 충성할 것을 권합니다. 악인이 득세하는 세상에서 성도는 불만을 가질 수 있습니다. 왜 불의하고 악한 자들이 성공하는지, 왜 그들이 장수하는지, 왜 그들이 징벌을 당하지 않는지 의문을 품을 수도 있습니다. 그런 불만과 의문은 신앙을 흔들기도 하는데, 다윗은 항상 "여호와를 의뢰하고 선을 행하라"(3절)고 권합니다. 악인을 신경 쓰지 말고 하나님을 진실로 믿으라는 권면입니다. 사람의 걸음을 정하시는 분은 하나님이시기 때문입니다. 악인은 언젠가는 망할 것이고 의인은 언젠가는 높임을 받을 것입니다. 정의를 사랑하시고 성도를 버리지 아니하시는 하나님(28절)을 믿고 신뢰하며 사랑하시기 바랍니다.

4월 April 27

민수기4장 • 시편38편 • 아가2장 • 히브리서2장

민수기 4장은 레위 자손이 할 일을 구체적으로 지시합니다. 먼저, 고핫 자손은 회막 안의 지성물을 운반하는 일을 맡았습니다. 지성소 등이 여기에 포함됩니다. 대제사장조차 1년에 한 번밖에 볼 수 없는 이 지성소 등을 행진할 때마다 운반해야 하는 일이었으니 까다로운 절차를 따를 수밖에 없습니다. 제사장이 포장을 해 두면 고핫 자손이 와서 그것을 운반하도록 했습니다. 둘째, 게르손 자손은 성막에 사용되는 휘장과 줄 등을 운반하는 일을 맡았습니다. 셋째, 므라리 자손은 성막의 기둥, 말뚝 등을 운반하였습니다. 고핫 자손이 하는 일이 가장 중요하기는 했지만 나머지 자손들이 하는 일도 꼭 필요했습니다. 하나님의 일은 모두 중요하고 필요합니다. 그러므로 각자가 가지고 있는 재능과 주신 소명을 따라 최선을 다해 그리스도의 몸을 세워야겠습니다.

시편 38편은 질병과 죄를 연결하여 회개 기도를 드리는 시입니다. 다윗이 병에 걸린 것 같습니다. 살에 성한 곳이 없고 상처는 썩어서 악취가 납니다. 허리에는 열기가 가득하고 기력이 쇠하며 눈의 빛도 사라졌습니다. 피부병에 열병이 겹친 것입니다. 다윗은 이 질병의 원인을 죄로 봅니다. "내 죄악이 내 머리에 넘쳐서 무거운 짐 같으니 내가 감당할 수 없나이다"(4절). 결국 그는 또다시 하나님께 소망을 둡니다. "내 죄악을 아뢰고 내 죄를 슬퍼함이니이다"(18절). 회개하고 하나님께 용서를 구합니다. 그저 하나님께서 떠나시지 않기를, 하나님께서 도우시기를 간청합니다. 죄가 모든 질병의 원인은 아닙니다. 그러나 자기의 죄악 된 습관에서 비롯된 질병은 없는지 살펴볼 필요는 있습니다. 무질서한, 음란한, 그리고 방탕한 생활 습관 등이 초래하는 질병이 있다면, 정직하게 회개하고 돌이켜야 합니다. 모든 질병이 죄에 따른 것은 아니지만 어떤 질병은 죄 때문에 찾아오기도 합니다.

아가 2장은 사랑하는 남녀의 대화입니다. 여인이 자신은 수선화요 백합화라고 말하자 남자는 가시나무 가운데 백합화와 같다고 화답합니다. 여인은 여러 가지 비유로 남자를 향한 사랑을 말합니다. 그러나 위기가 찾아옵니다. 포도원을 허무는 작은 여우가 들어온 것입니다. 아가서가 그리스도와 성도의 사랑을 노래한다는 전제에서 보자면, 이것은 신앙의 위기를 뜻할 수 있습니다. 사랑에 늘 위기가 있듯이 신앙에도 항상 위기가 있습니다. 자신의 신앙을 잘 살펴서 '작은 여우를 찾는 작업'이 꼭 필요한 이유입니다.

히브리서 2장은 우리가 받은 큰 구원에 관해 말합니다. 성도는 신앙을 항상 점검해야 합니다. "우리는 들은 것에 더욱 유념함으로 우리가 흘러 떠내려가지 않도록 함이 마땅하니라"(1절). 큰 구원을 받았으니 등한히 여기면 안 됩니다. 우리를 구원하신 분은 누구입니까? 만물을 그 발 아래에 복종하게 하시는 분입니다. 그런데 그분께서 모든 사람을 위하여 죽음을 맛보셨습니다. 그는 친히 사람이 되셔서 자비하고 신실한 대제사장으로 백성의 죄를 속량하셨습니다. 구원을 받은 자들은 그리스도께서 누구시고 어떤 일을 하셨는지 끝없이 파고들어야 합니다. 그리스도를 아는 지식만큼 우리를 거룩하게 하는 것이 없기 때문입니다.

4월 April 28

민수기5장 • 시편39편 • 아가3장 • 히브리서3장

민수기 5장은 진영을 거룩하게 보호하는 규례입니다. 먼저 나병 환자와 유출증이 있는 자, 그리고 시체를 만져서 부정하게 된 자는 진영 밖으로 내보내야 합니다. 진영을 더럽혀서는 안 되기 때문입니다(3절). 이웃에게 피해를 끼치고 거짓 증언을 한 사람은 그에 대한 보상을 해야만 했습니다. 만약 보상을 받을 사람이 없으면 그것은 제사장에게 돌릴 수 있습니다. 본문은 간음죄에 대한 판결을 가장 길게 설명합니다. 다양한 사례를 통해 억울한 자가 나오지 않게 하기 위해서입니다. 거룩함이란 성막을 중심에 두고 서 있는 것 정도가 아닙니다. 하나님의 율법을 충실하게 따라야 합니다. 하나님 중심적인 삶이란 주일성수와 십일조를 철저히 하는 것 정도가 아닙니다. 매일 하나님의 말씀에 순종하는 삶입니다.

시편 39편은 헛된 인생 속에서 하나님을 참된 소망으로 둔 자의 노래입니다. 다윗은 자신의 언행을 항상 조심해야겠다고 다짐합니다. 인생이 참으로 짧기 때문입니다. "여호와여 나의 종말과 연한이 언제까지인지 알게 하사 내가 나의 연약함을 알게 하소서"(4절). 하나님 앞에서 인생은 참 연약합니다. 한 뼘 길이밖에 되지 않아서 주 앞에서는 거의 없는 것과 다를 바가 없습니다. 인생이 이토록 헛되니 우리가 의지할 바는 영원하신 하나님 외에는 없습니다. 하나님만이 인생의 유일한 위로와 소망이 되십니다.

아가 3장은 꿈속에서 연인을 찾아 헤매는 여인의 심정을 기록합니다. 여인은 사랑하는 사람을 찾기 위해 성안을 돌아다닙니다. 거리에서도 찾지 못하고 큰길에서도 찾지 못하지만 멈추지 않고 계속해서 찾습니다. 그렇게 찾고 찾아서 끝내 만나게 됩니다. 그러고는 놓지 않고 집까지 그를 데리고 갑니다. 꿈속에서 또 한 가지 장면을 목격하는데, 솔로몬 왕이 자신을 맞으러 오는 장면입니다. 여인의 심정과 시편을 기록한 다윗의 심정이 겹칩니다. 사랑하는 마음이 충만하여 항상 그리워합니다. 꿈속에서조차 만나고 싶어 합니다. 찾고 찾기를 반복합니다. 결국 환희 속에서 만나는 장면을 상상합니다. 그리스도를 믿는다는 것은 이와 같이 뜨겁고 즐거운 것입니다. 그리스도를 진심으로 믿으면 교리를 공부하는 것도 즐겁고 성경을 연구하는 것도 벅찹니다. 신랑이신 그리스도를 그 안에서 발견하기 때문입니다.

히브리서 3장은 우리의 대제사장이신 예수님을 깊이 생각하라고 권합니다. 예수 그리스도를 깊이 생각하는 것이 우리를 참된 안식으로 이끌기 때문입니다. 저자는 예수님을 모세보다 더 큰 이로 소개합니다. 모세는 장래에 말할 것을 증언하기 위하여 하나님의 온 집에서 종으로 신실하였다면(5절), 예수님은 하나님의 집을 맡은 아들로서 그와 같이 하셨기 때문입니다(6절). 그러므로 우리는 그분을 끝까지 붙들어야 합니다. 죄의 유혹으로 완고해지지 않도록 서로가 권면해야 합니다. "우리가 시작할 때에 확신한 것을 끝까지 견고히 잡고 있으면 그리스도와 함께 참여한 자가 되리라"(14절). 저자는 끝내 안식의 땅에 들어가지 못했던 이스라엘 백성들을 예시로 우리에게 견고한 믿음을 요구합니다.

4월 April 29

민수기6장 • 시편40-41편 • 아가4장 • 히브리서4장

민수기 6장은 나실인의 서원을 말합니다. 나실인은 특별한 서원을 위해 자기 몸을 구별하여 하나님께 바친 사람을 뜻합니다. 그는 그 누구보다도 구별된 삶을 살아야 했습니다. 술을 마실 수 없습니다. 머리를 잘라서도 안 됩니다. 가족이 죽어도 장례에 참여할 수 없습니다. 만약에 그것을 어겼을 경우에는 반드시 속죄를 해야 했습니다. 이 구별되고 헌신된 삶은 예수 그리스도를 떠올리게 합니다. 예수님만이 완전히 구별된 삶을 사셨기 때문입니다. 비록 문자적으로 나실인의 규칙을 지킬 필요는 없지만, 오늘날의 성도도 구별된 삶을 요청받는 나실인입니다. 그리스도의 장성한 분량, 곧 구별되고 헌신된 삶을 온전히 사셨던 예수 그리스도에게까지 자라나야 할 책임이 있기 때문입니다.

히브리서 4장은 하나님의 아들이신 예수 그리스도를 굳게 잡으라고 말합니다. 저자는 이 글을 읽는 독자를 걱정합니다. 혹시 안식에 이르지 못할 자가 있을 수 있기 때문입니다. 똑같은 복음을 들었어도 믿음으로 받지 못한 사람은 참된 안식에 참여할 수가 없습니다. 그러므로 복음을 들은 사람은 마음을 완고하게 하지 말고 믿음으로 안식에 들어가기 위해 힘써야 합니다. 하나님의 말씀 앞에 자기를 두어야 하는데, 말씀은 우리의 모든 것을 드러내고 판단하기 때문입니다. 그러나 우리의 모든 것이 드러나더라도 두려워하지 않아도 되는 이유는 우리의 대제사장이신 예수님께서 우리의 모든 연약함을 동정하시기 때문입니다. 그러므로 용기를 내서 담대히 은혜의 보좌 앞으로 나아갑시다. 긍휼히 여기시는 예수 그리스도로 말미암아 큰 구원을 얻게 될 것입니다.

아가 4장은 남자의 사랑 고백입니다. 남자는 여자를 바라보며 아름다움을 노래합니다. 그녀의 머리털과 눈, 입술과 목 등이 얼마나 아름다운지 묘사합니다. 남자의 눈에 비친 여자는 아무 흠이 없는 신부입니다. 그는 여자가 속히 자기에게 오기를 간절히 원합니다. "북풍아 일어나라 남풍아 오라 나의 동산에 불어서 향기를 날리라 나의 사랑하는 자가 그 동산에 들어가서 그 아름다운 열매 먹기를 원하노라"(16절). 본문은 그리스도께서 우리를 사랑하셔서 초대하시는 목소리로 들을 수 있습니다. 그리스도는 신부인 성도를 계속해서 불러 주십니다. 당신의 사랑스러운 음성을 듣고 당신에게로 오기를 기다리십니다. 이 소리를 들은 자는 용기를 내서 은혜의 보좌 앞으로 담대히 나아가십시오. 필요한 모든 사랑을 얻고 필요한 모든 안식을 누릴 것입니다.

시편 40편과 **시편 41편**은 감사 찬송입니다. 40편에서 다윗은 하나님께서 자기를 위해 행하신 일이 너무나 많다고 노래합니다. "여호와 나의 하나님이여 주께서 행하신 기적이 많고 우리를 향하신 주의 생각도 많아 누구도 주와 견줄 수가 없나이다 내가 널리 알려 말하고자 하나 너무 많아 그 수를 셀 수도 없나이다"(5절). 41편에서는 병을 고쳐 주셨다고 말합니다. "여호와께서 그를 병상에서 붙드시고 그가 누워 있을 때마다 그의 병을 고쳐 주시나이다"(3절). 그로 말미암아 다윗은 하나님께 감사합니다. 가난하고 궁핍할 때마다, 병상에 누워 있을 때마다, 기가 막힐 웅덩이와 수렁에 빠져 있을 때마다 하나님은 성도를 도우십니다. 무엇보다 하나님은 성경을 통해 이와 같은 자신의 성품을 보여 주십니다. 속히 당신에게로 찾아오라는 초청입니다. 참 좋으신 하나님 아버지의 초청에 응하는 자는 진정한 안식과 자유와 은혜를 맛보게 될 것입니다.

4월 April 30

민수기7장 • 시편42-43편 • 아가5장 • 히브리서5장

민수기 7장은 성막 완성을 축하하는 이스라엘 지도자들의 헌물에 관해 말합니다. 성막 건축이 끝난 뒤 이스라엘의 지휘관들이 헌물을 가지고 제단 앞에 나옵니다. 이 헌물은 하나님께서 명령하신 것이 아닙니다. 자발적인 것입니다. 곡물, 향, 송아지, 양, 염소 등을 12일 동안 드렸다고 기록합니다. 오늘날에는 헌금에 관한 논쟁이 있습니다. 극단적인 두 주장이 엇갈립니다. 한편에서는 여전히 헌금이 복과 저주를 나누는 기준이 된다고 말합니다. 다른 한편에서는 더 이상 헌금은 필요하지 않다고 주장합니다. 그러나 두 주장은 모두 잘못되었습니다. 헌금은 복과 저주를 나누는 기준은 아니지만 여전히 헌금은 가치가 있습니다. 자발적인 헌신이라는 가치입니다. 그리스도의 복음에 감격하고 하나님을 진심으로 사랑하는 자는 자발적으로 자신의 것을 드립니다. 하나님은 자원하는 마음으로 인색하지 않게 드리는 헌금을 기뻐하십니다.

아가 5장은 신랑과 신부가 멀어진 상황을 말합니다. 신랑은 신부의 방으로 들어가고 싶어 합니다. 그런데 신부가 잠시 지체한 사이에 신랑이 떠나갑니다. 이제는 신부가 신랑을 찾아 나섭니다. 상사병에 걸린 신부가 다음과 같이 말합니다. “예루살렘의 딸들아 너희에게 내가 부탁한다 너희가 내 사랑하는 자를 만나거든 내가 사랑하므로 병이 났다고 하려무나”(8절). 그러고는 남자의 아름다운 모습을 묘사합니다. 신앙에서 사랑하는 마음은 정말 중요합니다. 사랑은 율법의 완성입니다. 사랑이 없으면 아무것도 아닙니다. 사랑하는 마음으로 하나님을 바라보지 않는 사람에게는 모든 것이 종교적 규율처럼 보일 것입니다. 반면에 사랑하는 마음으로 하나님을 바라보고 있는 사람에게는 딱딱한 신학도 연애편지처럼 읽히고 엄격한 교리도 노래처럼 들릴 것입니다. 헌신에 대한 요청마저도 당연한 사랑 표

현으로 여겨질 것입니다.

히브리서 5장은 대제사장이신 그리스도를 가르칩니다. 신앙이 사랑으로 연결될 수 있는 이유는 그리스도께서 먼저 우리를 사랑하셨기 때문입니다. 사람은 반드시 속죄가 필요한 존재입니다. 하나님은 아들 예수 그리스도를 대제사장으로 삼으셔서 속죄를 위한 사역을 감당하도록 하셨습니다. 그리하여 그가 구원의 근거가 되도록 하셨습니다. "그가 아들이시면서도 받으신 고난으로 순종함을 배워서 온전하게 되셨은즉 자기에게 순종하는 모든 자에게 영원한 구원의 근원이 되시고"(8–9절). 예수님은 하나님의 아들이심에도 불구하고 스스로 고난을 취하여 순종하셨습니다. 그리고 당신 안에 들어온 모든 사람들을 위해 구원의 근거가 되어 주셨습니다. 이 얼마나 놀랍고 감격스러운 일입니까! 그리스도께서 우리 구원의 근거가 되어 주시기 위해 죽기까지 순종하신 것입니다.

시편 42편과 **시편 43편**은 낙심한 자의 기도입니다. 무슨 이유인지 모르겠으나 시인은 심히 낙심한 상태입니다. "내 하나님이여 내 영혼이 내 속에서 낙심이 되므로"(42:6). "내 영혼아 네가 어찌하여 낙심하며 어찌하여 내 속에서 불안해하는가"(43:5). 그러나 그는 낙심한 상태에 머물러 있지 않습니다. 마음이 죽은 상태로 있으려고 하지 않습니다. 그는 사슴이 시냇물을 찾기에 갈급하듯이 하나님을 찾습니다. 마치 신부가 잃어버린 신랑을 찾듯이 하나님을 찾습니다. 하나님을 만날 때 비로소 참된 쉼을 얻을 수 있기 때문입니다. 하나님께 소망을 두고 살아간 자가 하나님으로 말미암아 구원을 얻게 되면 그는 하나님을 그 무엇보다 사랑하게 됩니다. 하나님을 사랑하게 되면 하나님께 헌신하고 순종하며 살게 됩니다. 이것이 신앙의 원리입니다. 그러므로 성도는 하나님을 아는 지식과 하나님을 향한 굳건한 신뢰로 매일 경건하게 살아가야 합니다. 이 단순한 삶이 믿음의 삶입니다.

May
/
5월

5월 May 01

민수기8장 • 시편44편 • 아가6장 • 히브리서6장

민수기 8장은 레위인을 하나님께 드리는 의식에 관해 기록합니다. 앞부분은 등불을 켜는 방식에 관해 이야기합니다. 등불은 앞을 밝게 비추기 위한 용도입니다(2절). 하나님은 제작법뿐만 아니라 사용법까지 정교하게 가르치십니다. 등잔대가 빛을 통해 성막을 밝히는 것처럼 레위인은 정결함으로 성막에서 봉사해야 합니다. 하나님은 레위인을 요제, 곧 흔들어서 드리는 제물로 바치라고 하시는데, 그 전에 다양한 정결 의식과 속죄 의식을 명령하십니다. "네가 그들을 정결하게 하여 요제로 드린 후에 그들이 회막에 들어가서 봉사할 것이니라"(15절). 레위인은 이스라엘 자손의 모든 장자들을 대신하여 회막에서 일하는 자들입니다. 레위인의 정년은 50세입니다. 우리는 종종 거룩하신 하나님을 잊습니다. 그리스도 안에서 하나님께 담대히 나아갈 수 있다는 사실 때문에 거룩하신 하나님을 하찮게 여기기까지 합니다. 그러나 본문은 하나님께서 참으로 거룩하심을 가르칩니다. 제사장뿐만 아니라 회막에서 일하는 레위인도 철저히 정결해야 한다는 점이 그것을 말해 줍니다.

히브리서 6장은 확실한 약속을 붙잡고 앞으로 전진하라고 명합니다. 저자는 빛을 받고 하늘의 은사를 맛보고 성령에 참여한 바 되어 선한 말씀과 내세의 능력을 맛본 사람이 그것으로부터 떠나 타락하는 경우를 말합니다. 은혜의 비를 맞고도 가시와 엉겅퀴를 내는 땅이 있을 수 있다는 것입니다. 이 말씀에서 우리는 경고를 받아야 합니다. 성경에 근거하지 않은 거짓 구원을 붙든 채 자기 자신이 만든 확신 안에서 살면 안 됩니다. 하나님께서 약속하신 것을 붙들고 우리를 위하여 휘장 안으로 들어가신 그리스도를 따라 살아가야 합니다. 또한 이미 그리스도를 따라 믿음 안에서 살아갔던 선조들을 본받아야 합니다. "우리가 간절히 원하는 것은 너희 각 사람이 동일한 부지런함을 나타내어 끝까지 소망의 풍성함에 이르러 게으르지 아니하고 믿음과 오래 참음으로 말미암아 약속들을 기업으로 받는 자들을 본받는 자 되게 하려는 것이니라"(11-12절). 약속을 붙들고 부지런히 앞을 향해 걸어갑시다.

시편 44편은 버림받은 것이 아닐까를 고민하는 백성들의 간청입니다. 전쟁이 일어났는데, 이스라엘 백성들이 패합니다. 시인은 전쟁에서 패한 이유를 다음과 같이 말합니다. "이제는 주께서 우리를 버려 욕을 당하게 하시고 우리 군대와 함께 나아가지 아니하시나이다"(9절). 이 상황에서 백성들이 의지할 것은 하나님밖에 없습니다. 먼저 하나님께서 신실하셔서 약속의 땅을 주셨음을 기억합니다. 그리고 자신들이 여전히 약속을 지키고 있다고 말합니다. "이 모든 일이 우리에게 임하였으나 우리가 주를 잊지 아니하며 주의 언약을 어기지 아니하였나이다"(17절). 그들은 약속을 붙들고 부지런히 앞을 향해 걸었습니다. 그러므로 신실하신 하나님께서 속히 일어나 자신들을 구원해 달라고 담대히 요청할 수 있었던 것입니다. 신실하신 하나님을 믿는 것, 그래서 약속을 붙들고 현실을 돌파하는 것, 그것이 우리를 안식으로 들어가게 하는 유일한 방법입니다.

아가 6장은 다시 한 번 신랑과 신부가 서로의 아름다움을 노래합니다. 여자들이 신부에게 사랑스러운 신랑을 같이 찾아보자고 말합니다. 신부는 신랑이 자기 동산으로 내려갔다고 답합니다. 이어지는 구절에서는 신랑이 신부를 노래합니다. 수많은 처첩이 있지만 술람미 여인만이 완전하다고 칭찬합니다. 3절을 주목해서 보십시오. "나는 내 사랑하는 자에게 속하였고 내 사랑하는 자는 내게 속하였으며"(3절). 이것은 마치 "너희가 내 안에, 내가 너희 안에"(요 14:20)라고 하신 예수님의 말씀과 같습니다. 사랑은 서로에게 완전히 연합되는 것입니다. 그리스도께 완전히 연합한 자가 되어 부지런히 앞을 향해 달려갑시다.

5월 May 02

민수기9장 • 시편45편 • 아가7장 • 히브리서7장

민수기 9장은 유월절 의식과 행진에 관한 규정입니다. 두 번째 유월절입니다. 광야로 들어온 후에는 첫 번째입니다. 성막을 완성하고 레위인을 바친 후에 유월절을 지킨다는 것은 이스라엘이 하나님의 백성으로 체계를 갖추어 가고 있음을 보여 줍니다. 여기에서는 유월절 의식과 관련하여 예외 상황을 설명합니다. 즉 부정하게 되어 진영 안으로 들어올 수 없거나 먼 여행 중이어서 유월절을 지킬 수 없는 경우입니다. 하나님은 한 달 후에 똑같은 절차로 유월절을 지키라고 말씀하십니다. 행진에 관한 규정은 간단합니다. 성막 위에 있던 구름이 걷히면 행진합니다. 성막 위에 구름이 머물면 진을 칩니다. 이 두 가지 규정은 믿음 생활이 어떠해야 하는지를 가르칩니다. 먼저 성도는 항상 토대를 기억해야 합니다. 즉, 우리가 어떻게 구원을 받았는지를 생각해야 합니다. 유월절 어린양이 되신 예수 그리스도 위에 굳건한 토대를 둔 후에 우리를 인도해 가시는 하나님을 따라가야 합니다. 그래야만 즐거이 따라갈 수 있습니다.

히브리서 7장은 멜기세덱과 같은 계열에 속한 제사장 그리스도를 설명합니다. 아브라함이 전리품의 십분의 일을 바친 멜기세덱은 신비로운 왕입니다. 동시에 그는 지극히 높으신 하나님의 제사장이었습니다. 본문은 예수 그리스도를 멜기세덱의 계열을 따르는 제사장이라 칭합니다. 이 말은 예수님께서 아론의 계열을 따르시지 않는다는 뜻입니다. 아론과 같은 계열에 속한 제사장은 완전한 제사를 드릴 수 없었습니다. 예수님께서 아론과 같은 계열에 속하신 분이라면 예수님도 그러실 수밖에 없습니다. 그러나 예수님은 완전한 제사를 단번에 드리셨습니다. 그렇기에 예수님은 자기를 힘입어 하나님께 나아가는 자들을 온전히 구원하실 수가 있습니다(25절). 예수님은 우리 인생과 존재의 토대가 되십니다.

시편 45편은 왕의 결혼식을 노래합니다. 이 왕은 모든 사람들보다 아름답습니다. 정의를 사랑하고 악을 미워합니다. 이 왕에게는 하나님께서 즐거움의 기름을 부으셔서 모든 왕보다 뛰어나게 하셨습니다. 이 왕에게 시집을 가는 여인도 아름답습니다. 그녀는 시중하는 처녀들과 함께 행진하여 왕궁으로 들어갑니다(14절). 이 시를 단순히 왕의 결혼식을 묘사하는 것으로 볼 수도 있습니다. 그러나 동시에 아가서와 같이 신랑이신 그리스도와 신부인 성도의 결혼식으로도 볼 수 있습니다. 모든 왕보다 뛰어난 왕은 예수 그리스도이십니다. 그리고 환영을 받고 왕궁에 들어가는 여인은 성도입니다. 왕이시요 신랑이신 그리스도를 바라보고 사는 성도는 기쁨과 즐거움으로 인도함을 받아 왕궁을 향해 나아가야 합니다(15절). 성도 앞에는 그리스도를 만나는 즐거운 결혼식이 예비되어 있습니다.

아가 7장은 성적인 묘사를 통해 신랑과 신부가 서로를 참으로 원한다는 사실을 드러냅니다. 신랑은 각종 비유를 들어 신부의 몸을 아름답게 표현합니다. 신부는 신랑이 자신을 원한다는 사실에 좋아합니다. 그렇게 두 사람은 서로를 갈망합니다. 성도도 그래야 합니다. 사슴이 시냇물을 찾듯이 그리스도를 갈망해야 하고 신랑과 신부가 서로를 원하듯이 예수님을 원해야 합니다. 신앙의 토대는 그리스도요 신앙의 동력은 그리스도를 향한 사랑이라는 것을 명심합시다.

5월 May 03

민수기10장 • 시편46-47편 • 아가8장 • 히브리서8장

민수기 10장은 광야 행진 이야기입니다. 드디어 광야를 향해 출발합니다. 하나님은 출발하기 전에 은 나팔을 만들어서 행진 등에 사용하라고 말씀하십니다. 여기서 나팔 소리는 하나님의 음성을 대신하는 중요한 도구입니다. 이스라엘 백성은 구름이 머문 바란 광야까지 행진합니다. 모세는 광야 길을 잘 알고 있는 장인에게 함께 가 달라고 요청합니다. 언약궤가 가장 앞에서 인도하였고 나머지는 2, 3장에서 말한 순서대로 행진하였습니다. 모든 것이 하나님의 뜻대로 진행되었습니다. 구름을 따라갔고 언약궤를 앞세웠으며 진영이 질서대로 움직였습니다. 애굽에서 마구잡이로 도망 나왔던 노예 민족이 이제는 질서 있게 하나님의 뜻대로 움직이는 제사장 나라가 된 것입니다. 하나님의 뜻대로 움직이는 자는 광야 같은 이 세상에서 안전하고 복되며 평안하게 살 수 있습니다. 하나님 말씀에 귀를 기울이고 그 말씀 안에서 걸읍시다. 반드시 형통하게 될 것입니다.

시편 46편과 **시편 47편**은 모든 나라 가운데 참된 왕이 되시는 하나님을 노래합니다. 하나님은 모든 나라 위에 계신 왕이십니다. 온 나라가 흔들거려도 하나님 안에 있으면 끄떡없습니다. 만국이 요란을 피워도 하나님께서 말씀하시면 아무 일도 일어나지 않습니다. "하나님이 그 성 중에 계시매 성이 흔들리지 아니할 것이라 새벽에 하나님이 도우시리로다"(46:5). 그러므로 성도는 세상을 두려워하지 말고 하나님을 경외해야 합니다. 세상의 위협과 유혹에 넘어가지 말고 하나님의 말씀 위에 삶을 두어야 합니다. 하나님은 만민을 우리에게, 나라들을 우리 발 아래에 복종하게 하시는 분입니다(47:3). 하나님께만 영광을 돌립시다.

아가 8장은 드디어 하나가 되어 즐거워하는 신랑과 신부의 이야기입니다. 이전 장까지 이어져 오던 긴장감이 여기에서 한 방에 해소됩니다. 신랑이 돌아옵니다. 그러고는 결코 깨질 수 없는 사랑을 노래합니다. “많은 물도 이 사랑을 끄지 못하겠고 홍수라도 삼키지 못하나니”(7절). 마지막 부분은 신랑과 신부가 함께 서로를 즐거워하는 장면입니다. “내 사랑하는 자야 너는 빨리 달리라 향기로운 산 위에 있는 노루와도 같고 어린 사슴과도 같아라”(14절). 본문은 그리스도와 교회의 깨질 수 없는 관계를 뜻합니다. 신부로서 신랑을 기다리는 성도는 이 땅에서 살면서 긴장할 수 있습니다. 그리스도를 향한 믿음이 약해질 수도 있습니다. 삶의 굴곡과 연약한 믿음으로 유혹을 받을 수도 있습니다. 그러나 한 번 그리스도께 붙들린 성도는 결코 깨지지 않는 관계를 누립니다. 그리스도 안에 있는 하나님의 사랑은 그 어떤 것으로도 끊을 수 없기 때문입니다(롬 8:39).

히브리서 8장은 새 언약의 보증이 되시는 예수 그리스도를 말합니다. 하나님과 우리의 관계가 절대로 끊어질 수 없는 이유는 예수 그리스도께서 새 언약의 중보자가 되시기 때문입니다. “더 좋은 약속으로 세우신 더 좋은 언약의 중보자시라”(6절). 일찍이 하나님은 새 언약을 약속하셨습니다. 새 언약은 하나님의 법이 마음에 새겨지는 것입니다. 그래서 이 언약은 깨질 수가 없습니다. 새 언약에 속한 자들은 항상 언약 안에 머물 수 있습니다. 예수 그리스도께서 이 언약의 중보자가 되시기 때문에 언약의 당사자끼리는 깨질 수 없는 관계를 누리게 됩니다. 그러므로 예수 그리스도를 굳건히 붙드는 자는 하나님의 사랑을 확신할 수 있습니다. 또한 그렇기에 예수 그리스도를 더욱 사랑하게 됩니다. 그리스도께서 하나님과 우리 사이를 화목하게 만드시기 때문입니다.

5월 May **04** 민수기11장 • 시편48편 • 이사야1장 • 히브리서9장

민수기 11장에는 이스라엘 백성의 참담한 죄가 나옵니다. 먼저 그들은 악한 말로 원망을 합니다. 아마도 광야를 걷는 일이 힘들어서 내뱉은 원망이었을 것입니다. 그럼에도 그들은 불로 심판을 받은 후에 모세의 중보로 구원을 얻습니다. 다음에는 먹을 것에 대해 불평을 합니다. 만나만 먹다 보니 질린 것입니다. 하나님께서 진노하시고 모세가 중보합니다. 하나님은 한 달 동안 고기를 주겠다고 약속하십니다. 곧 메추라기 떼가 몰려와서 이스라엘이 고기를 먹게 됩니다. 그때 하나님은 탐욕을 부린 사람들을 쳐서 죽이십니다. 하나님의 은혜를 맛본 지 얼마 지나지도 않았는데 이스라엘은 금세 그것을 잊어버립니다. 심지어 매일 아침마다 내리는 만나를 먹고 있으면서도 하나님을 원망합니다. 지독한 기억상실증입니다. 죄는 은혜를 잊을 때 찾아옵니다. 하나님께서 주신 것을 하찮게 여길 때 찾아옵니다. 하나님께서 베푸신 은혜를 기억함으로 하나님께서 베푸실 은혜를 사모하는 자가 거룩한 삶을 살 수 있습니다. 불평하는 마음과 원망하는 혀를 버리고 신실하신 하나님을 믿고 삽시다.

이사야 1장은 이스라엘의 타락을 묘사합니다. 본문은 이사야가 받은 계시입니다. 하나님은 이스라엘이 자신을 거역하였다고 말씀하십니다. 그로 말미암아 온 땅이 황폐해지고 파괴되었는데, 거의 소돔과 고모라와 같이 되었다고 하십니다. 이스라엘의 타락은 전방위적이었습니다. 종교가 완전히 타락했습니다. 무수히 제사를 드리고는 있지만 이 모든 것이 위선일 뿐이었습니다. 사회가 완전히 타락했습니다. 정의와 공의가 사라졌습니다. 거짓과 탐욕이 가득했습니다. 무엇보다 온 나라에 우상이 득실거렸습니다. 지독한 타락 중에도 하나님은 이스라엘이 돌이키기를 원하셨습니다.

"너희는 스스로 씻으며 스스로 깨끗하게 하여 내 목전에서 너희 악한 행실을 버리며 행악을 그치고 선행을 배우며 정의를 구하며 학대받는 자를 도와주며 고아를 위하여 신원하며 과부를 위하여 변호하라 하셨느니라"(16-17절). 참으로 하나님은 진노 중에도 긍휼을 잊지 않으십니다.

시편 48편은 큰 왕의 성 시온 산을 노래합니다. 만왕의 왕이 되신 하나님은 시온 산에 계십니다. 그곳은 우리 하나님의 성, 거룩한 산(입니다(2절). 하나님은 그곳에서 모든 나라들을 통치하십니다. 세상의 수많은 나라들은 망해도 하나님의 성은 영원히 견고합니다(8절). 이 하나님께서 우리를 죽을 때까지 인도하십니다(14절). 그러므로 이 세상의 헛된 신들을 숭배하지 말고 오직 하나님만을 온전히 높입시다. "하나님이여 주의 이름과 같이 찬송도 땅끝까지 미쳤으며 주의 오른손에는 정의가 충만하였나이다"(10절).

히브리서 9장은 새 언약의 중보자가 되시는 예수 그리스도를 더 자세히 설명합니다. 첫 언약에도 장막이 있었습니다. 하지만 이 장막은 단지 비유일 뿐입니다. 둘째 장막이 올 때까지 잠시 맡겨 둔 것입니다. 사람의 양심을 온전하게 만들 수 없기 때문입니다. 둘째 장막은 그리스도를 가리킵니다. 그리스도께서는 장래 좋은 일의 대제사장으로 오셔서 영원한 속죄를 이루어 단번에 성소에 들어가셨습니다. 이를 통해 우리의 양심을 온전하게 만드셨습니다. 첫 언약에도 피가 있듯이 새 언약에도 피가 있습니다. 그리스도의 피입니다. 그리스도의 피가 모든 것을 정결하게 합니다. 이와 같이 그리스도는 온전한 희생 제물로 죽으심으로 우리의 죄를 담당하셨습니다. 성도는 성경의 모든 이야기, 특히 구약의 사건, 율법, 의식 등을 보며 그리스도를 기억해야 합니다. 그리스도에 대한 기억상실증이 우리를 죄로 몰아갑니다. 반면 그리스도에 대한 기억이 우리로 하여금 찬양하도록 합니다.

민수기 12장에는 지도자들의 범죄가 나옵니다. 앞선 본문이 일부 백성들의 불신을 기록하였다면, 본문은 핵심 지도자들의 불순종을 말합니다. 명분은 모세의 결혼이었습니다. 혹자의 견해를 따르면, 모세가 취한 구스 여인은 십보라를 말합니다. 즉 새로운 결혼이 아니라 이미 한 결혼에 대해 미리암과 아론이 비난을 한 것입니다. 그들이 품은 진짜 불평은 이것입니다. "그들이 이르되 여호와께서 모세와만 말씀하셨느냐 우리와도 말씀하지 아니하셨느냐"(2절). 그들은 모세와 같은 위치에 서기를 원했던 것입니다. 이것은 하나님께서 정하신 것에 대한 불신이었습니다. 백성들이 하나님께서 주신 만나에 대해 불평을 했던 것과 같은 맥락입니다. 결국 하나님의 심판이 그들에게 임하고 모세의 중보로 이 반역 이야기는 마무리됩니다. **민수기 13장**에는 가장 결정적 범죄가 나옵니다. 앞에 나오는 사건들은 이 사건에 대한 전조 현상이었습니다. 모세가 가나안 땅 정탐을 위해 열두 지파 중에서 지휘관 된 자 한 사람씩을 뽑아서 보냅니다. 40일간 정탐을 마친 그들은 '우리가 질 것'이라고 단언합니다. 가나안 거주민들은 모두 장대하고 힘이 강해 보였기 때문입니다. 이 본문은 이스라엘 백성의 심각한 불신앙을 보여 줍니다. 그들에게 힘이 있어서 애굽을 탈출한 것이 아닙니다. 지혜가 탁월해서 광야를 건넌 것도 아닙니다. 오직 하나님의 능력과 지혜로 말미암아 이 모든 것을 체험한 것입니다. 그런데 그들은 하나님의 능력과 지혜를 잊고 가나안의 강대함에 마음이 죽어 버렸습니다. 신앙이란 하나님을 정말로 신뢰하는 것입니다. 현실을 무시하거나 외면하라는 뜻이 아닙니다. 하나님의 능력과 지혜를 참으로 붙들라는 뜻입니다.

시편 49편은 재물을 의지하지 말고 하나님을 의지하라고 말합니다. 재물은 현실적인 힘입니다. 재물이 많으면 많은 것을 할 수 있습니다. 그래서 사람들은 재물을 신뢰합니다. 그러나 재물이 할 수 없는 일이 있습니다. 사람을 구원하는 일입니다. 죽음을 방어하는 일입니다. 그러므로 재물에 사로잡혀 사는 것은 어리석은 짓입니다. 죽음 앞에서 인생을 구원할 수 있는 유일한 분은 하나님이십니다. 하나님을 의지해야 합니다. 하나님을 정말로 신뢰하고 그분의 말씀을 따라 살아야 합니다.

이사야 2장은 여호와의 날을 말합니다. 여호와의 날이 임하게 될 것인데, 그날에는 우상을 숭배하던 자들이 큰 심판을 받게 될 것입니다. 그날에는 교만한 자가 낮아지고 하나님만 높임을 받으실 것입니다. 우상들은 깨뜨러지고 무너질 것입니다. 현실의 강대함이라는 우상도 반드시 부서질 것입니다. 그러므로 사라질 인생을 의지하지 말아야 합니다(22절). 하나님의 성전이 있는 시온 산을 바라보며 그곳으로부터 나오는 말씀의 충만을 기대해야 합니다.

히브리서 10장은 그날을 바라보며 믿는 도리의 소망을 굳건히 붙잡으라고 명합니다. 율법은 참 형상이 아닙니다. 구약의 제사로는 사람들을 온전하게 할 수가 없습니다. 죄를 위하여 영원한 제사를 드리신 예수 그리스도만이 사람을 온전하게 하실 수 있습니다. 그리스도 안에 있으면 다시는 죄를 위하여 제사를 드릴 필요가 없습니다(18절). 그러므로 이제 우리가 할 일은 그리스도의 피를 힘입어 담대히 하나님 앞으로 나아가는 것입니다. 하나님께서 우리에게 명하신 것들을 붙들고 서로를 격려하면서 그 길을 걷는 것입니다. 때로 이 길이 고단하고 외로울지라도 그날에 임할 큰 상을 바라보고 끝까지 충성합시다. 뒤로 물러가지 말고 우리가 받은 구원의 길을 힘차게 걸어갑시다.

5월 May 06

민수기14장 • 시편50편 • 이사야3-4장 • 히브리서11장

민수기 14장은 불신에 대해 진노하시는 하나님을 보여 줍니다. 정탐꾼들의 보고를 들은 이스라엘 온 회중은 모세와 아론을 원망합니다. 차라리 애굽으로 돌아가는 것이 낫겠다며 하나님의 구원하심을 모욕합니다. 그들은 구체적인 계획을 짭니다. 새로운 지도자를 세워서 애굽으로 돌아가고자 한 것입니다. 여호수아와 갈렙의 만류에도 요지부동이었습니다. 하나님은 크게 진노하셔서 이스라엘은 전부 멸하고 새로운 나라를 일으키겠다고 하십니다. 모세는 간절히 중보합니다. 모세의 중보로 하나님의 진노는 누그러졌지만 이스라엘 백성들은 정탐한 40일을 일 년으로 계산하여 40년간 광야를 떠돌게 되는 형벌을 받게 됩니다. 또한 악평한 10명의 정탐꾼들이 모두 죽임을 당합니다. 정신이 번쩍 든 이스라엘 백성이 그제서야 가나안을 정복하겠다고 나섭니다. 그러나 하나님께서 함께하시지 않은 이 전쟁에서 그들은 당연하게도 패배하고 맙니다. 본문은 불신이 얼마나 위험한지를 가르칩니다. 불신은 말씀을 통해 앞을 보게 만들지 못하고 현실을 통해 뒤를 보게 만듭니다. 하나님의 사랑과 인도를 바라보지 못하게 만들고 현실의 장벽과 크기에 압도당하게 합니다. 하나님은 불신을 가장 싫어하십니다.

시편 50편은 참된 예배가 무엇인지를 가르칩니다. 참된 예배는 하나님의 성품을 노래하고 그에 참여하는 것입니다. 제물을 갖다 바치는 것만이 능사가 아닙니다. 하나님은 제물을 잡수시는 분이 아니기 때문입니다(13절). 하나님의 전능하심을 높이고 하나님의 자비로우심을 찬양하는 것, 그래서 하나님의 교훈을 귀히 여기는 것, 그것이 올바른 예배입니다. 예배에 열심히 참여하고 봉사에 힘쓰는 것도 필요하지만 그 동기와 삶이 더욱 중요합니다. 하나님을 향한 감사의 마음이 동기가 되고 그 감사의 마음으

로 하나님의 교훈을 힘써 지키는 삶이 참된 예배의 모습이기 때문입니다. "감사로 제사를 드리는 자가 나를 영화롭게 하나니 그의 행위를 옳게 하는 자에게 내가 하나님의 구원을 보이리라"(23절).

이사야 3장과 **이사야 4장**은 예루살렘의 멸망과 회복을 말합니다. 당시 예루살렘은 총체적으로 부패해 있었습니다. 지도자들은 지도력을 상실했습니다. 지도자가 없는 가운데 백성들이 각기 소견에 옳은 대로 행하였습니다(3:4-7). 정의로운 마음과 자비로운 마음을 잃어버린 지도자들은 하나님의 심판을 받게 될 것입니다(3:14). 예루살렘 안에는 사치스러운 여인들이 가득했습니다. 그들 역시도 하나님께 수치를 당하게 될 것입니다(3:16-26). 그러나 하나님은 회복시키실 것입니다(4장). 자기 백성을 향한 하나님의 마음은 심판이 아니라 회복이기 때문입니다. 불신이 그에 합당한 모습을 드러내듯이 믿음도 그에 합당한 열매를 맺습니다. 그러므로 성도는 삶의 열매를 보며 자신의 뿌리를 확인해야 합니다. 하나님은 불신이라는 뿌리를 정말로 미워하십니다.

히브리서 11장은 믿음의 중요함을 말합니다. 믿음이 없이는 하나님을 기쁘시게 하지 못합니다(6절). 무엇을 믿어야 할까요? 하나님께서 계신 것과 그분께서 당신을 찾는 자들에게 상 주시는 분임을 믿어야 합니다. 본문은 구약의 인물들을 사례로 들어서 이것을 설득해 갑니다. 아벨, 에녹, 노아, 아브라함, 이삭, 요셉, 모세, 라합 등입니다. 그 외에도 수많은 사람들이 믿음으로 하나님을 경험하였다고 말합니다. 믿음이 있는 사람은 세상이 감당하지 못합니다. 하나님은 믿음이 있는 사람에게 상을 주시기 때문입니다. 구약의 인물들조차도 믿음으로 하나님 앞에 나아갔다면, 오늘 이 시대를 살아가는 우리는 더욱 믿음으로 하나님께 나아가야 합니다. 그들은 약속된 것을 소망하는 믿음을 가지고 있었지만 우리는 약속된 것을 받은 믿음을 가지고 있기 때문입니다. 곧 예수 그리스도를 선명하게 바라볼 수 있는 시대에 있기 때문에, 우리의 믿음은 더욱 확고해야 합니다.

5월 May 07

민수기15장 • 시편51편 • 이사야5장 • 히브리서12장

민수기 15장은 율법의 적용을 다루고 있습니다. 불신으로 말미암아 엄청난 실패를 겪은 이스라엘 백성들에게 하나님께서 율법의 적용을 말씀하신다는 것은 그 자체로 큰 은혜입니다. 이스라엘이 여전히 하나님의 백성이라는 확인이기 때문입니다. 이스라엘이 하나님의 백성에서 탈락했다면 더 이상 율법을 적용할 이유가 없습니다. 그러나 본문은 제사를 드리는 방법을 다시 한 번 세심하게 가르칩니다. 특히 주목할 점은 곡물 제사입니다. 하나님은 가나안 땅에 들어가면 그곳의 소산물로 제사를 드리라고 말씀하십니다. "너희는 내가 인도하는 땅에 들어가거든 그 땅의 양식을 먹을 때에 여호와께 거제를 드리되"(18–19절). 비록 광야 1세대는 가나안에 들어가지 못할지라도 하나님은 약속하신 대로 광야 2세대를 가나안에 들어가도록 하시겠다는 말씀입니다. 또한 부지중에 범한 죄와 고의로 범한 죄를 구분하셔서 여전히 율법의 적용을 교훈해 주십니다. 마지막으로 안식일 규정을 어긴 사람을 처벌하셔서 실제로 율법을 적용하심을 보여 주십니다. 사람의 실패가 하나님의 실패는 아닙니다. 사람의 악이 하나님의 의를 꺾을 수는 없습니다. 사람의 교활함이 하나님의 자비를 뛰어넘을 수는 없습니다. 거룩하신 하나님은 그 거룩하심을 사랑으로 적용해 주십니다.

시편 51편은 죄를 자백하고 용서를 구하는 다윗의 기도입니다. 다윗은 밧세바를 범하는 큰 죄를 지었습니다. 선지자 나단이 죄를 지적하고 그 대가를 예언합니다. 다윗은 자신의 죄를 들여다봅니다. 자신의 죄가 출생 전부터 이어져 오고 있다는 사실도 고백합니다(5절). 이제 다윗의 소망은 한 가지입니다. 하나님의 자비로우심입니다. 하나님께서 자신을 불쌍히 여기시고 회복시켜 주시는 것만이 유일한 소망이 되었습니다. 자기 자신에게는 선한 것이 하나도 남아 있지 않다는 것을 깨달았기 때문입니다. 제사

를 백 번 드린들 무슨 소용이 있겠습니까(16절)? 하나님께서 원하시는 제사는 상하고 통회하는 마음입니다(17절). 상하고 통회하는 마음은 자신의 죄와 무력함을 알고 하나님의 의와 자비에 소망을 거는 마음입니다.

이사야 5장은 포도원 비유입니다. 본문은 나단이 밧세바를 취한 다윗에게 경고하려고 갔을 때 취한 이야기 방식과 유사합니다(삼하 12:1–7). 비유를 통해 자기 자신의 죄를 들여다보게 하는 방식입니다. 포도원은 이스라엘을 말하고 포도원 주인은 하나님을 뜻합니다. 포도원 주인은 온 정성을 다해서 포도나무를 돌봤습니다. 땅을 부드럽게 하고 극상품 포도나무를 심었습니다. 할 수 있는 모든 것을 다하고 열매를 기다렸습니다. 그런데 먹을 수도 없는 들포도가 맺힌 것입니다. 화가 난 포도원 주인은 그 포도원을 갈아엎어 버렸습니다. 8절 이하는 이스라엘이 맺은 들포도에 관한 설명입니다. 가옥에 가옥을 잇고 전토에 전토를 더해서 그 넓은 곳에 홀로 거주하려는 탐욕, 온갖 쾌락에 빠져서 하나님의 일에 관심을 두지 않는 방탕, 하나님을 조롱하는 참담함과 교만, 거짓과 위선, 부정과 부패 등입니다. 하나님은 이 모든 악행을 반드시 징벌하십니다.

히브리서 12장은 하나님께서 징계하시는 목적에 관해 교훈합니다. 하나님은 죄에 대해 엄격한 기준을 갖고 계십니다. 악을 저지르는 자는 징계를 당합니다. 하나님의 징계는 때로 날카롭고 무겁습니다. 그러나 하나님의 징계는 꼭 필요합니다. 자기 백성들의 유익을 위해서 행하시는 것이기 때문입니다. "무릇 징계가 당시에는 즐거워 보이지 않고 슬퍼 보이나 후에 그로 말미암아 연단받은 자들은 의와 평강의 열매를 맺느니라"(11절). 징계는 하나님께서 우리를 여전히 당신의 자녀로 대하시고 있다는 증거입니다. 그러므로 성도는 징계를 만났을 때 속히 돌이켜서 의의 열매를 맺기 위해 힘써야 합니다. 거룩한 두려움을 품되 새 언약의 중보자가 되신 예수 그리스도를 의지하여 거룩한 길을 걸어갑시다!

5월 May 08

민수기16장 • 시편52-54편 • 이사야6장 • 히브리서13장

민수기 16장은 고라를 중심으로 일어난 반역 사건입니다. 고라 등이 당을 짓고 모세와 아론을 대적합니다. 그들은 '모든 사람들이 하나님의 거룩한 백성인데 어찌하여 모세와 아론만 항상 높은 자리를 차지하느냐'고 비난합니다. 모세는 향로를 가지고 나오면 하나님께서 택하신 자를 알 수 있을 것이라고 했는데, 반역자들은 그 부름에 응답하지 않았습니다. 그리고 모세를 폭군으로 몰아갔습니다. 모세도 화가 났지만 하나님은 더 크게 진노하셨습니다. 모세를 대적한다는 것은 하나님을 대적하는 것과 다를 바가 없었기 때문입니다. 하나님께서 인도하시는 방식, 하나님께서 세우신 질서 등을 거부한 것입니다. 하나님은 고라 등에게 동조한 이스라엘 백성 전체를 멸하고자 하셨지만 모세가 다시 한 번 중보자의 위치에 서서 용서를 구합니다. 하나님은 반역자의 무리만 벌하셨습니다. 그러나 이스라엘 백성의 반역은 현재 진행 중이었습니다. 그들은 모세와 아론이 여호와의 백성을 죽였다고 원망합니다. 눈앞에서 일어난 사건을 보고도 교훈을 얻지 못한 것입니다. 결국 이스라엘 중에 전염병이 돌아 만 사천칠백 명이 사망합니다. 이 죽음의 행렬은 제단 불이 담긴 향로를 든 아론이 산 자와 죽은 자 사이에 서자 비로소 멈추게 됩니다. 불신은 교만을 일으킵니다. 교만은 혼란을 불러옵니다. 혼란은 질서를 파괴하고 죄를 짓게 만듭니다. 믿음은 하나님께서 정하신 것 안에 굳건히 서는 것입니다.

시편 52-54편은 사울 왕 등의 악인을 보며 하나님을 의지하는 다윗의 노래입니다. 이 시들에는 악인의 특징이 잘 묘사되어 있습니다. 악인은 교만하고 건방집니다. 자신의 악한 계획을 자랑합니다. 악인이 그렇게 하는 이유는 하나님이 없다고 생각하기 때문입니다. 그래서 마음껏 악을 계획하고 저지릅니다. 당연히 하나님을 의지하지 않습니다. 자기 재물을 의지합니다. 그러나 성도는 하나님을 의지합니다. 하나님께서 도우시기를 기다립니다. "하나님은 나를 돕는 이시며 주께서는 내 생명을 붙들어 주시는 이시니이다"(54:4). 때로 악인의 형통을 보며 혼란을 겪을 수 있지만, 성도는 하나님께서 끝내 악을 멸하실 것을 믿습니다. 하나님이 없다 하는 자들이 득세를 해도 하나님만 단단히 붙잡읍시다. 주께서 우리의 기도를 들으십니다.

이사야 6장은 하나님께서 이사야를 부르시는 장면입니다. 하나님은 거룩하십니다. 천사들은 등장하자마자 '거룩하다'는 외침을 세 번이나 반복합니다. 성경에는 중요한 것을 강조하기 위해 두 번 반복하는 경우가 많습니다. 그러나 세 번 반복하는 경우는 본문에 나오는 '거룩하다'는 천사의 외침뿐입니다. 그만큼 하나님의 거룩하심이 강조됩니다. 이것은 악이 가득한 예루살렘에 대한 심판을 예고하는 효과가 있습니다. 거룩하신 하나님은 악과 함께하실 수 없기 때문입니다. 거룩하신 하나님 앞에 선 이사야는 자신이 망하게 되었다고 고백합니다. 하얀색 앞에 서면 검은색이 더욱 도드라지듯이 거룩하신 하나님 앞에 서면 죄가 더욱 선명해지는 법입니다. 하나님은 이사야의 입에 불을 대셔서 그의 입이 깨끗해졌다고 선언하십니다. 그리고 그에게 심판을 선언하라고 말씀하십니다. 그 와중에도 한 가지 소망, 즉 거룩한 씨가 남아 있을 것이라고 말씀하십니다. 거룩하신 하나님 앞에서 항상 경건한 두려움을 품어야 합니다. 그래야 온전한 신앙생활을 할 수 있습니다. 그러나 동시에 소망을 잃지 말아야 합니다. 그래야 즐거운 신앙생활을 할 수 있습니다.

히브리서 13장은 하나님께서 기뻐하시는 삶의 제사를 교훈합니다. 그리스도께서 성문 밖에서 고난을 받으신 것처럼 우리도 그에게 나아가기 위해 성문 밖으로 향해야 합니다. 즉 우리의 삶에서 하나님께서 기뻐하실 만한 교훈을 따라야 합니다. 본문은 다양한 권면을 통해 참된 믿음에 요구되는 삶의 열매를 가르치고 있습니다.

5월 May 09

민수기17-18장 • 시편55편 • 이사야7장 • 야고보서1장

민수기 17장과 **민수기 18장**은 아론의 권위를 높이시는 장면입니다. 모세와 아론의 권위를 인정하지 않는 일들이 반복되자 하나님은 모든 지파들을 불러 모으십니다. 그리고 각 지파마다 지팡이를 가져와서 아론의 지팡이와 함께 성막 안에 두게 하십니다. 이튿날 아론의 지팡이에만 살구 열매가 열리는데, 이를 통해 하나님의 뜻이 아론에게 있음을 확실하게 하십니다. 하나님 앞에 나아갈 수 있는 자는 하나님께서 정하신 제사장, 곧 아론의 자손들만 가능하다는 확증입니다. 이제 백성들은 두려워하기 시작합니다. 하나님께 가까이 나아갈 수 없는 자들이 감히 하나님의 성막 안까지 와서 그 지팡이를 보았기 때문입니다. 이에 하나님은 제사장과 레위인이 성막 관리를 철저히 하여 백성들이 죄를 짓지 않게 하라고 명령하십니다. 이와 같이 제사장과 레위인에게는 큰 책임이 있었지만 동시에 큰 특권도 있었습니다. 제사장은 제물의 일부를 자신의 몫으로 받을 수 있었고 레위인은 십일조를 자신의 몫으로 받을 수 있었습니다. 질서는 중요합니다. 하나님은 임의로 움직이시는 분이 아니고 무질서를 선호하시는 분도 아닙니다. 하나님의 일은 항상 질서 있게 이루어져야 합니다. 본문의 내용과 동일한 형태의 질서는 아니지만 오늘날 교회에도 질서가 필요합니다. 믿음으로 산다는 것은 하나님께서 정하신 것을 따르며 사는 것입니다.

시편 55편은 사람을 의지하지 않고 하나님을 의지해야 함을 가르칩니다. 다윗은 자신에게 심각한 상황이 발생했다고 말합니다. 날개가 있으면 지금 상황에서 도망치고 싶다고 말할 정도입니다(6, 7절). 이처럼 다윗에게 심각한 상황을 안긴 사람은 원수가 아니라 친구입니다. "그가 곧 너로다 나의 동료, 나의 친구요 나의 가까운 친우로다"(13절). 친구가 자신을 배신한 사실에 다윗은 크게 상심합니다. 말은 번지르르하지만 사실 악한 마음을 품고 자기를 대했던 것입니다. 결국 다윗은 자신이 온전히 의지할 분은 하나님밖에 없다는 것을 고백합니다(23절). 좋은 친구는 위로가 되지만 그 어떤 친구도 믿음의 대상이 될 수는 없습니다. 우리의 영혼까지 맡기고 의지할 수 있는 분은 하나님밖에 없습니다. 친구보다 하나님을 더 가까이합시다.

이사야 7장은 하나님을 의지하지 않는 아하스 왕의 최후를 말합니다. 아람과 이스라엘의 연합군이 유다를 칩니다. 하나님은 이사야를 보내셔서 아하스에게 자신을 의지하라고 말씀하십니다. 그러나 아하스는 거절합니다. 하나님을 의지하기보다는 앗수르 왕을 의지하고 싶어 했기 때문입니다. 하나님은 아하스가 의지하고 싶어 했던 앗수르 왕을 들어서 유다를 치겠다고 예언하십니다. 사람을 의지하는 것은 어리석습니다. 사람의 마음은 언제든지 바뀔 수 있기 때문입니다. 사람은 확정된 마음을 가지고 사는 존재가 아닙니다. 이득에 따라 항상 변하는 마음을 가진 존재입니다. 하지만 하나님은 항상 동일하십니다. 당신의 백성에게 하신 말씀을 반드시 지키십니다. 우리가 의지할 수 있는 분은 오직 하나님밖에 없습니다.

야고보서 1장은 온갖 좋은 것들을 주시는 하나님을 가르칩니다. 하나님은 참 좋으신 분입니다. 하나님께서 주시는 시련은 그 자체로 복이 됩니다. 시련을 통해 인내를 이룰 수 있고 지혜를 얻을 수 있으며 생명의 면류관을 받을 수 있기 때문입니다. 하나님은 온갖 좋은 은사와 온전한 선물을 주십니다. 그분은 변함이 없으십니다. 그러므로 성도는 하나님을 믿어야 합니다. 하나님을 믿는 참된 믿음은 공허하지 않습니다. 알맹이가 있습니다. 말씀을 듣고 실천합니다. 도와야 할 자들을 돕고 세속의 유혹에서 자신을 지킵니다.

5월 May 10

민수기19장 • 시편56-57편 • 이사야8:1-9:7 • 야고보서2장

민수기 19장은 죄를 깨끗하게 하는 붉은 암송아지의 잿물을 소개합니다. 거룩하신 하나님은 그 거룩하심을 다양한 방법으로 알리시고 백성들로 하여금 정결 의식을 꼭 행하도록 하셨습니다. 하나님의 거룩하심을 인식시키시고 동시에 하나님께 나아가는 방법을 가르치시기 위해서입니다. 특히 시체에 접촉이 되었을 때는 붉은 암송아지의 잿물을 뿌리도록 하셨습니다. 붉은 암송아지는 피의 의미를 강조하기 위한 것입니다. 즉 죽음과 피와 정결의 의미를 담기 위해서 붉은 암송아지의 잿물을 사용하게 하신 것입니다. 이것은 예수 그리스도의 모형입니다. 예수님은 붉은 암송아지와 같이 죽으셔서 그 피로 우리의 죄를 깨끗하게 하셨습니다. 우리는 죽음에 근접한 시체 같은 자였으나 그리스도의 죽으심으로 새 생명을 얻게 되었습니다. 그리스도는 우리의 의와 거룩이 되어 주셔서 우리가 거룩하신 하나님 앞에 담대히 나아갈 수 있게 하십니다.

시편 56편과 **시편 57편**은 사람들로부터 얻게 된 고통을 호소하는 다윗의 간구입니다. 56편은 다윗이 블레셋 사람에게 잡혔을 때를, 57편은 다윗이 사울을 피하여 굴에 있을 때를 배경으로 합니다. 다윗은 사람들이 자기를 삼키려 한다고 호소합니다. 또한 그들이 길을 막고 함정을 팠다고 말합니다. 궁극적으로는 자기 생명을 노리고 있다며 고통스러워합니다. 하나님만 의지하겠다는 그의 고백은 참됩니다. 의지할 바가 정말로 모두 사라졌기 때문입니다. 하나님께 마음이 확정되었다는 다윗의 노래는 공허하거나 관례적인 것이 아닙니다. 존재가 걸려 있는 고백이고 삶이 달려 있는 고백입니다. 모든 것이 사라지고 나서야 비로소 하나님을 의지하는 것이 사람이지만, 미리 교훈을 얻은 성도는 하나님을 의지하는 훈련을 해 나갈 수 있습니다. “내가 하나님을 의지하였은즉 두려워하지 아니하리니 사람이 내게 어찌하리이까”(56:11). 하나님을 두려워하는 사람은 사람을 두려워하지 않습니다.

이사야 8장과 **이사야 9장 1-7절**은 예수 그리스도의 탄생을 예고합니다. 하나님은 이사야의 아들을 ‘마헬살랄하스바스’라 이름 지으셨습니다. 그 이름은 앗수르에게 아람과 북이스라엘이 멸망당할 것을 예언한 것입니다. 세상은 이와 같이 혼탁하고 어두울 것이지만, 언젠가는 반드시 평강의 왕이 오실 것입니다. 그분이 오시면 사망의 그늘진 땅에 거주하던 자에게 빛이 비칠 것이고 다윗의 나라가 굳게 설 것입니다. 하나님의 열심이 반드시 이것을 이루실 것입니다. 예수 그리스도는 흑암을 걷는 자들의 빛이시고 불안 속에서 사는 자들의 평강이십니다. 또한 그분은 멸시받는 자들의 영광이시고 압제당하는 자들의 구원이십니다. 예수 그리스도를 믿읍시다. “그의 이름은 기묘자라, 모사라, 전능하신 하나님이라, 영존하시는 아버지라, 평강의 왕이라 할 것임이라”(9:6).

야고보서 2장은 행함이 없는 믿음은 죽은 믿음이라고 가르칩니다. 예수 그리스도에 대한 믿음을 가진 사람은 사람을 대하는 태도에서부터 다릅니다. 빈부귀천에 따라서 사람을 차별하지 않습니다. 헐벗고 일용할 양식이 없는 형제자매를 위해 필요한 것을 내어 줍니다. 믿음이 있노라 하면서 아무것도 행하지 않는 사람은 사실 죽은 믿음을 가진 것입니다. 아브라함의 믿음도 행함이 살아 있는 믿음이었습니다. 예수님을 주와 그리스도로 받아들인 믿음이라면 그 믿음은 반드시 열매를 만들어 내기 때문입니다.

5월 May 11

민수기20장 • 시편58-59편 • 이사야9:8-10:4 • 야고보서3장

민수기 20장은 모세의 실패를 기록합니다. 한 세대가 끝이 나고 있습니다. 본문은 미리암과 아론의 죽음을 말합니다. 그리고 모세가 가나안에 들어가지 못하게 된 이유를 설명합니다. 이스라엘 백성들이 또 불만을 토로합니다. 물이 없다는 것입니다. 하나님은 반석에게 명령하여 물을 모으라 하셨는데 모세는 회중에게 말한 뒤에 반석을 두 번 쳤습니다. 순종의 모범을 보여 주어야 할 모세가 애굽의 술사와 같이 행동한 것입니다. 결국 모세도 가나안 입성에 실패합니다. 에돔의 거절에도 불구하고 하나님께서 전쟁을 금하신 이유는 가나안과 싸우기 전에 형제의 민족과 싸우는 것을 원하시지 않았기 때문입니다. 드디어 가나안 입성이 목전에 다가온 것입니다. 모세는 여러 번 그리스도를 예표할 만한 행동을 하였습니다. 멸망이 합당한 이스라엘을 중보하여 구원한 사건들이 그것입니다. 그러나 모세는 완전한 구원자가 아닙니다. 그도 그저 사람일 뿐입니다. 예수 그리스도만이 완전한 구원자이십니다. 예수님은 실패가 없으십니다. 예수님은 모든 율법을 순종하셔서 그 순종의 의를 우리에게 전하여 주셨습니다. 그러므로 그리스도 안에 있는 사람은 그리스도와 같이 순종한 사람이 됩니다. 이 놀라운 소식이 바로 복음입니다.

시편 58편과 **시편 59편**은 공의로우신 하나님을 향한 간구입니다. 정의를 구현해야 할 통치자가 악을 행합니다. 얼마나 황당한 상황입니까? 정의를 바로 세워야 할 권력자가 악을 행하는 불의한 세상에서 성도가 할 수 있는 것은 한 가지입니다. 하나님께서 속히 정의를 위해 일하시기를 기도하는 것입니다. “그때에 사람의 말이 진실로 의인에게 갚음이 있고 진실로 땅에서 심판하시는 하나님이 계시다 하리로다”(58:11). 하나님께서 심판자

로 이 땅에 오셔서 악한 나라들을 벌하시고 악을 행하는 자들에게 합당한 보응을 하시길 기도해야 합니다. 악을 발견하였을 때 성도는 공의로우신 하나님을 의지해야 합니다.

이사야 9장 8절-10장 4절은 북이스라엘이 어떻게 망해 가는지를 묘사합니다. 북이스라엘은 이미 완고해져 있었습니다. 하나님께서 이방 민족을 들어서 치셔도 돌이킬 마음이 없었습니다. 본문은 북이스라엘의 타락을 세 가지로 말합니다. 첫째는 지도자의 타락입니다. 장로와 선지자가 모두 거짓말을 합니다. 그로 말미암아 백성까지도 부패합니다. 둘째는 사회적 타락입니다. 악행이 불타오르는 것처럼 가득하다고 합니다. 자신의 팔까지 먹는다고 표현할 만큼 욕심으로 똘똘 뭉쳐 있습니다. 셋째는 도덕적 타락입니다. 공평과 정의가 무너지고 차별과 불의가 그 자리를 차지합니다. 사랑과 자비는 사라지고 잔인과 포악이 들어섭니다. 이 모든 타락은 그 자체로 징계이고, 이는 그들을 치시려고 손을 들고 계신 하나님으로 말미암은 것입니다. 하나님은 악을 꼭 벌하시고 정의를 반드시 세우십니다.

야고보서 3장은 믿음과 언어의 관계를 말합니다. 야고보는 행위의 중요성을 계속해서 강조합니다. 행위로 구원을 얻게 되는 것은 아니나 구원 얻는 믿음은 행위를 발생시키기 때문입니다. 구원 얻는 믿음에 따라 발생한 행위 안에는 언어도 들어갑니다. 샘은 한 구멍에서 단 물과 쓴 물을 낼 수 없습니다. 무화과나무에서 감람 열매가 나올 수 없고 포도나무가 무화과를 낼 수 없습니다. 그런 것처럼 경건한 마음을 가진 사람이 악한 말을 낼 수는 없는 법입니다. 예를 들자면, 하나님을 찬송하는 혀를 가진 사람이 하나님 형상으로 지음을 받은 사람을 저주할 수 없습니다. 자랑하는 혀와 거짓을 말하는 혀로 분란을 일으키지 말고 서로 관용하고 친절하며 긍휼히 여기는 말로 화평을 만들어 냅시다. "화평하게 하는 자들은 화평으로 심어 의의 열매를 거두느니라"(18절).

5월 May 12

민수기21장 • 시편60-61편 • 이사야10:5-34 • 야고보서4장

민수기 21장은 전쟁에서 승리하는 이스라엘의 이야기입니다. 가데스 바네아에서 큰 실패를 경험한 이스라엘은 전쟁의 승패가 하나님께 달려 있음을 깨닫습니다. 본문에는 세 차례의 전쟁이 나옵니다. 첫 번째는 가나안 사람 아랏의 왕과의 싸움입니다. 하나님께서 약속하신 대로 이스라엘은 이 싸움에서 큰 승리를 맛봅니다. 두 번째는 아모리 왕 시혼과의 싸움입니다. 여기에서도 이스라엘은 큰 승리를 거둡니다. 세 번째는 바산 왕 옥과의 싸움으로 앞선 전쟁과 같이 승리합니다. 두 번째와 세 번째는 요단 동쪽을 점령했다는 의미가 있습니다. 그 와중에 이스라엘은 하나님께서 주신 만나를 '하찮은 음식'이라고 폄하합니다. 진노하신 하나님은 불뱀을 보내 심판하셨다가 모세의 중보로 장대에 달린 놋뱀을 본 자들은 살려 주십니다. 모든 싸움은 하나님께 달려 있습니다. 이스라엘은 외부의 적과 싸울 때는 하나님을 잘 의지하였지만 내부의 적, 곧 불만과 싸울 때는 실패했습니다. 인생에서 어려운 일들이 일어날 때 하나님을 의지해야 하는 것처럼 마음속에서 온갖 불신들이 일어날 때도 하나님을 의지해야 합니다.

시편 60편은 전쟁의 승패가 하나님께 달려 있다고 말합니다. 이 시는 전쟁을 배경으로 합니다. 표제와는 달리 시의 내용에는 패배감이 배어 있습니다. 10절은 이렇게 말합니다. "하나님이여 주께서 우리를 버리지 아니하셨나이까 하나님이여 주께서 우리 군대와 함께 나아가지 아니하시나이다." 다윗은 하나님께서 이 전쟁을 도우시지 아니하면 패배할 수밖에 없다고 호소합니다. **시편 61편**은 하나님의 보호를 간구하는 기도입니다. 다윗은 자신이 땅끝에 있다고 말합니다(2절). 아마도 예루살렘에서 멀리 떨어져 있는 상황을 배경으로 한 것 같습니다. 그 낯선 곳에서 그는 하나님의

보호를 요청합니다. 하나님만이 몸과 마음을 보호해 주실 수 있기 때문입니다. 본문은 모든 것이 하나님께 달려 있다는 다윗의 고백입니다. 전쟁과 같은 큰 싸움에서도, 낯선 공간에서 느끼는 일상의 위협 속에서도 오직 하나님만이 참된 보호자가 되심을 고백합니다. 크고 작은 모든 일들이 하나님께 달려 있습니다. 그분을 의지하여 기도합시다.

이사야 10장 5-34절은 국가들을 경영하시는 하나님의 주권을 말합니다. 앗수르는 이스라엘을 가장 크게 괴롭힌 국가입니다. 그러나 앗수르는 하나님께서 사용하시는 도구일 뿐이었습니다. “앗수르 사람은 화 있을진저 그는 내 진노의 막대기요 그 손의 몽둥이는 내 분노라”(5절). 하지만 앗수르는 그것을 몰랐습니다. 하나님께서 주신 힘을 가져다가 스스로를 높였습니다. 스스로 강한 체하는 이 국가를 하나님은 가만히 두지 않으십니다. “도끼가 어찌 찍는 자에게 스스로 자랑하겠으며 톱이 어찌 켜는 자에게 스스로 큰 체하겠느냐 이는 막대기가 자기를 드는 자를 움직이려 하며 몽둥이가 나무 아닌 사람을 들려 함과 같음이로다”(15절). 결국 교만한 앗수르는 하나님께 멸망을 당할 것이고 이스라엘은 회복될 것입니다. 다시 한 번 반복하여 강조합니다. 모든 것은 하나님께 달려 있습니다. 스스로 이루었다 생각하는 자들에게는 화가 임할 것입니다. 하나님만 의지하고 높입시다.

야고보서 4장은 교만을 경계하고 겸손을 권합니다. 교만은 하나님께서 참 미워하시는 죄입니다. 반면에 겸손은 하나님 앞에 서 있는 사람에게 가장 합당한 성품입니다. 하나님은 교만한 자는 물리치시고 겸손한 자에게는 은혜를 주십니다. 그러므로 주 앞에서 자신을 낮추십시오. 그리하면 하나님께서 높여 주실 것입니다(10절). 남들 앞에서도 겸손히 행하고 자기 앞날에 대해서도 주의 뜻을 구하십시오. 하나님과 가까이하시고 세상과 벗이 되지 마십시오.

5월 May 13

민수기22장 • 시편62-63편 • 이사야11-12장 • 야고보서5장

민수기 22장은 모압 땅에서 이스라엘을 돌보시는 하나님을 보여 줍니다. 이스라엘이 모압 평지에 도착합니다. 먼발치로 여리고 성이 보일 만큼 가나안 땅에 가까이 왔습니다. 모압 왕 발락은 40년간 광야를 떠돌고 있는 이스라엘의 신비한 힘에 공포를 느껴 명성이 자자한 무당 발람을 초청합니다. 이스라엘을 저주하여서 승리하기 위한 최후의 발악이었습니다. 그러나 하나님은 이미 이 모든 일을 주관하고 계셨습니다. 발람에게 나타나셔서 당신이 주시는 말만 할 수 있다고 말씀하십니다. "발람이 발락에게 이르되 내가 오기는 하였으나 무엇을 말할 능력이 있으리이까 하나님이 내 입에 주시는 말씀 그것을 말할 뿐이니이다"(38절). 세상의 권력자와 전략가는 자신들의 힘과 꾀를 자랑합니다. 우리 눈에는 종종 그것이 세상을 지배하는 원리처럼 보입니다. 그러나 세상을 참으로 지배하는 힘과 지혜는 하나님께 속해 있습니다. 하나님은 지금도 자기 백성을 돌보시기 위해 열심히 일하시고 계십니다.

시편 62편과 **시편 63편**은 모든 권능이 하나님께 속해 있다고 노래합니다. 때로는 모든 환경이 나를 대적하고 있는 것처럼 느껴집니다. 마치 사방이 막힌 듯 답답할 때가 있습니다. 다윗은 바로 그와 같은 상황에서 하나님만 바라봅니다. "나의 영혼이 잠잠히 하나님만 바람이여 나의 구원이 그에게서 나오는도다"(62:1). 세상에 속해 있는 것들이 자신의 힘과 능력을 자랑할 때도 다윗은 오직 하나님만 의지하겠다고 다짐합니다. 오직 주께만 권능과 영광이 있기 때문입니다. "내가 주의 권능과 영광을 보기 위하여 이와 같이 성소에서 주를 바라보았나이다"(63:2).

이사야 11장과 **이사야 12장**은 구원을 베푸시는 날을 소망하며 하나님을 찬양합니다. 비록 지금은 하나님께 징계를 당하고 있지만 하나님은 반드시 구원의 날을 주실 것입니다. 그날에는 다윗의 후손이 왕으로 오실 것이고 그 왕이 다스리는 나라는 평화로울 것입니다. 그리고 열방이 주께로 돌아올 것입니다. 주의 진노가 사라질 것이고 주의 구원만 세워질 것입니다. 그로 말미암아 모든 민족이 하나님께 감사하며 그분의 구원을 온 땅에 알게 할 것입니다. 본문은 메시아 예언에 해당합니다. 이스라엘의 역사적 정황과 맞추어져 있지만 궁극적으로는 모든 민족을 구원하실 예수 그리스도에 관한 예언입니다. 하나님은 역사 안에서 자신의 일을 이루어 가십니다. 즉 역사를 무대로 구원의 일을 행하십니다. 그러므로 모든 역사는 하나님의 뜻대로 움직입니다. 세상의 지배자들을 두려워하지 말고 하나님만 두려워해야 하는 이유입니다.

야고보서 5장은 믿음의 삶을 강조합니다. 성도가 세상의 원리나 능력을 따르지 말고 오직 믿음으로 살아야 하는 이유는 하나님의 말씀이 모든 것을 통치하기 때문입니다. 세상은 부를 의지하지만 성도는 하나님을 의지해야 합니다. 그러므로 성도는 사치하거나 방종해서는 안 됩니다. 또한 고난 앞에서 오래 참아야 합니다. 역사를 통치하시는 하나님께서 마지막 날에 오셔서 보상해 주실 것이기 때문입니다. 믿음으로 기도하되 특히 병자를 위해서 기도해야 합니다. 의인의 간구는 역사하는 힘이 큽니다.

5월 May 14

민수기23장 • 시편64-65편 • 이사야13장 • 베드로전서1장

민수기 23장은 발람의 예언입니다. 발람은 네 번의 예언을 합니다. 본문에는 두 번의 예언이 나옵니다. 모압 왕 발락은 잔뜩 기대하면서 발람이 해 달라는 것을 모두 해 줍니다. 그러나 발람의 예언은 발락의 기대를 저버립니다. 첫 번째 예언에서 발람은 '하나님께서 저주하지 않으신 자를 자신이 어찌 저주할 수 있겠냐'고 말합니다. 하나님께서 이스라엘을 특별한 민족으로 대하신다는 말도 합니다. 발락은 화가 났지만 꾹 참고 발람에게 다시 한 번 저주를 해 달라고 부탁합니다. 두 번째 예언에서 발람은 오히려 이스라엘을 축복해 버립니다. 자신이 받은 것은 축복할 것밖에 없었기 때문입니다. "야곱의 허물을 보지 아니하시며 이스라엘의 반역을 보지 아니하시는도다 여호와 그들의 하나님이 그들과 함께 계시니 왕을 부르는 소리가 그중에 있도다"(21절). 하나님께서 보호하시는 사람은 그 누구도 손을 댈 수 없습니다. 하나님께서 지키시기로 작정한 사람은 결코 해를 입지 않습니다. 허물과 반역을 보지 않기로 결정하셨으면 영원히 그렇게 하시는 분이 바로 우리의 하나님이십니다. 하나님은 참으로 신실하십니다.

시편 64편은 하나님께 지켜 달라는 호소입니다. 악한 꾀와 거짓 혀로 망하게 하려는 자들이 얼마나 많은지 모릅니다. 심지어 서로 격려하면서 악한 목적을 달성하려는 자들도 있습니다. 그러나 하나님께서 일하시면 그 악한 시도는 무산되고 말 것입니다. **시편 65편**은 돌보시는 하나님을 찬양합니다. 하나님은 기도에 응답하십니다. 또한 하나님은 창조하시고 보존하십니다. 특히 하나님은 이 땅에 필요한 것들을 공급하십니다. 주의 은택으로 우리는 돌보심을 입고 주의 인도로 우리는 기쁨을 누립니다. 성도는

끝없이 하나님께서 어떤 분이신지를 배워야 합니다. 하나님을 아는 만큼 믿음도 깊어집니다.

이사야 13장은 바벨론의 심판을 예언합니다. 앗수르의 심판을 예언하신 하나님은 또 다른 강대국 바벨론의 심판도 예언하십니다. 여호와의 날이 임할 것입니다. 앞선 본문에 나오는 여호와의 날은 구원의 날이었지만 지금 나오는 여호와의 날은 심판의 날입니다. 최강대국으로 군림하던 바벨론도 결국에는 '소돔과 고모라와 같이 멸망당하고 말 것'입니다(19절). 가장 큰 이유는 다음과 같습니다. "내가 세상의 악과 악인의 죄를 벌하며 교만한 자의 오만을 끊으며 강포한 자의 거만을 낮출 것이며"(11절). 하나님을 두려워하지 않는 사람은 하나님이 없다고 생각하며 자신을 하나님의 위치에 두고자 합니다. 그러나 하나님은 그와 같은 자를 반드시 심판하십니다. 악하고 교만한 자는 심판하시고 믿고 의지하는 자는 구원하십니다. 하나님의 성품과 사역을 더 깊이 공부합시다.

베드로전서 1장은 부르심에 합당하게 거룩한 삶을 살라고 명령합니다. 베드로는 소아시아 지역에 흩어져 있는 교회를 향해 말합니다. 우리가 하나님 아버지의 미리 아심을 따라 성령님의 거룩하게 하심으로 순종함과 예수 그리스도의 피 뿌림을 얻기 위하여 택하심을 받았으니 그에 합당하게 살자고 권합니다. 전에 하나님을 알지 못하던 때처럼 살지 말라고 권합니다. 구약의 명령처럼 지금도 "오직 너희를 부르신 거룩한 이처럼 너희도 모든 행실에 거룩한 자가 되라"고 명합니다(15절). 우리는 그리스도의 죽으심 안에서 대속함을 받았으니 다음과 같이 살아야 합니다. "너희가 진리를 순종함으로 너희 영혼을 깨끗하게 하여 거짓이 없이 형제를 사랑하기에 이르렀으니 마음으로 뜨겁게 서로 사랑하라"(22절).

5월 May 15

민수기24장 · 시편66-67편 · 이사야14장 · 베드로전서2장

민수기 24장에는 발람의 예언이 계속됩니다. 모압 왕 발락의 기대와는 달리 발람은 이스라엘을 축복합니다. 세 번째 예언에서는 이스라엘을 향한 축복이 절정에 달합니다. 하나님의 영이 그에게 임했기 때문입니다. 발람은 이스라엘이 복된 땅에서 원수들을 이기며 살게 될 것이라고 예언합니다. 발락이 부들부들 떱니다. 발람에게 아무 말도 하지 말고 속히 떠나라고 경고합니다. 그러나 발람은 네 번째 예언을 이어 갑니다. 이스라엘의 대적들이 모두 멸망할 것을 예언합니다. 모압과 에돔과 세일이 망할 것입니다. 야곱에게서 나오는 별, 이스라엘에게서 나오는 규가 그렇게 할 것인데, 다윗을 의미합니다. 이스라엘을 저주하라는 모압의 사주를 받고 온 선지자가 모압의 멸망을 예언하고 유유히 자리를 떠납니다. 하나님으로 말미암아 모든 것이 역전되어 버린 것입니다. 사람이 계략을 꾸밀 수는 있지만 역사와 인생 속에는 하나님의 뜻만 온전히 이루어집니다.

시편 66편과 **시편 67편**은 자신의 뜻대로 행하시는 하나님을 노래합니다. 하나님은 바다를 변하여 육지가 되게 하셨습니다. 주께 대적하던 원수들이 주께 복종하도록 하셨습니다. 그분은 나라들을 다스리시고 당신의 눈으로 살피십니다. 그러므로 하나님의 인도하심을 따르고 그의 행하심을 노래해야 합니다. 이 모든 일이 우리의 영혼을 위하시는 하나님의 섭리이기 때문입니다. 모든 나라를 통치하시는 하나님께서 우리에게 복을 주시는 아버지이십니다. 그분을 노래하고 그분의 도우심을 구하며 그분께 순종하는 것은 성도의 마땅한 자세입니다.

이사야 14장은 이스라엘의 회복과 대적하던 나라들의 멸망을 말합니다. 바벨론이 망하는 날에 이스라엘은 회복될 것입니다. 하나님께서 이스라엘을 불쌍히 여기셔서 다시 원래의 땅으로 돌아오게 하실 것입니다. 바벨론은 완전히 멸망을 당할 것입니다. 교만하기 때문입니다. "네가 네 마음에 이르기를 내가 하늘에 올라 하나님의 뭇 별 위에 내 자리를 높이리라 내가 북극 집회의 산 위에 앉으리라 가장 높은 구름에 올라가 지극히 높은 이와 같아지리라 하는도다"(13-14절). 앗수르와 블레셋도 마찬가지입니다. 하나님은 이 악하고 교만한 나라들을 소멸시키시고 곤고한 백성들을 받아 주실 것입니다. 하나님은 생각하신 것을 반드시 되게 하시고 경영하신 것을 반드시 이루십니다(24절). 이 세상은 궁극적으로 하나님의 생각대로 움직이고 있습니다. 하나님을 믿고 의지합시다. 그리고 하나님의 말씀에 순종합시다.

베드로전서 2장은 이 땅에서 나그네와 같이 사는 성도들에게 순종을 권합니다. 예수 그리스도를 믿음으로 성도는 다음과 같은 존재가 되었습니다. "너희는 택하신 족속이요 왕 같은 제사장들이요 거룩한 나라요 그의 소유가 된 백성이니"(9절). 그러므로 성도는 어두움 속에서 빛으로 불러 주신 하나님의 아름다운 덕을 널리 선전하며 살아야 합니다. 선한 일을 하는 것도 그와 같은 삶의 일종입니다. 선한 일을 행할 때 이방인들이 하나님께 영광을 돌릴 수 있기 때문입니다. 특히 세상의 제도와 권력자에게 순종해야 하는데, 그것이 주를 위한 일이기 때문입니다. 심지어 베드로는 부당한 주인에게도 순종하라고 하면서 이를 위하여 우리가 부르심을 받았다고 합니다. 악한 세상에서 선하게 사는 것은 쉬운 일이 아닙니다. 그러나 예수님도 악한 세상의 제도와 권력자에게 순종하심으로 우리를 구원하셨음을 기억하십시오. 순종이 없었으면 십자가도 없었고, 십자가가 없었으면 우리의 구원도 없었습니다. 하나님의 뜻대로 악한 세상에서도 선하게 삽시다. "뭇 사람을 공경하며 형제를 사랑하며 하나님을 두려워하며 왕을 존대하라"(17절).

5월 May 16

민수기25장 • 시편68편 • 이사야15장 • 베드로전서3장

민수기 25장은 광야에서 행한 이스라엘의 마지막 반역입니다. 하나님의 철저한 보호 안에서 이스라엘은 안전을 확보했습니다. 그런데 이스라엘은 그 안전을 스스로 걷어찹니다. 이스라엘이 모압 여인들과 간음하고 그들의 신들에게 절하는 사건이 일어납니다. 하나님의 진노로 전염병이 창궐합니다. 이때 아론의 손자 비느하스가 음행을 저지른 이스라엘 남자와 미디안 여인을 창으로 죽입니다. 그제서야 전염병이 멈춥니다. 하나님은 비느하스와 그의 후손에게 영원히 제사장 직분을 주겠노라 약속하십니다. 하나님은 항상 자신의 일을 하십니다. 약속대로 일하신다는 것입니다. 지키시고 보호하시고 인도하십니다. 그러므로 성도에게 요구되는 것은 믿음의 삶입니다. 하나님을 믿고 의지하는 것이 안전합니다. 하나님 안에서 복되고 안전한 삶을 누립시다.

시편 68편은 하나님께서 행하신 일을 기록합니다. 하나님은 광야를 행진할 때 백성 앞에서 앞서 나가셨습니다. 흡족한 비를 주셨고 전쟁에서 승리케 하셨습니다. 하나님은 모든 곤경에서 구원을 베푸셨습니다. 원수들을 멸망시키셨고 이스라엘을 높이셨습니다. 다윗은 하나님께서 행하신 일들을 나열하고 모든 나라와 만민과 백성들에게 하나님을 송축하자고 말합니다. 하나님은 백성들에게 규범을 던져 주고 그들이 얼마나 잘 지키는지 평가만 하지 않으십니다. 백성들이 하나님을 믿고 의지하며 순종할 수 있도록 친히 자신을 보여 주십니다. 하나님은 항상 자기 백성을 위해 열심히 일하십니다. 그 하나님을 아는 사람은 찬양합니다. 믿습니다. 의지합니다. 순종합니다.

이사야 15장은 모압의 멸망을 예언합니다. 발람을 통해 예언되었던 모압의 멸망이 확정되어 예고됩니다. 이스라엘이 가나안에 들어가기 직전 모압 왕 발락은 이스라엘을 저주하고자 했으나 하나님의 개입으로 이스라엘은 오히려 발람의 축복을 받게 됩니다. 그리고 모압의 멸망이 예고됩니다. 이제 하나님은 당신이 말씀하신 대로 모압을 멸망시키고자 하십니다. 하나님은 당신의 생각대로 일하십니다.

베드로전서 3장은 부르심에 합당한 선한 삶을 권면하고 있습니다. 먼저 베드로는 아내와 남편의 관계에서 순종을 강조합니다. 아내는 자기 남편에게 순종해야 합니다. 믿지 않는 남편에게라도 주 안에서 순종해야 합니다. 혹 하나님께서 그녀의 행실로 남편을 구원의 자리까지 인도하실 수 있기 때문입니다. 그러므로 아내는 자기 몸이 아니라 마음을 잘 단장해야 합니다. 남편도 마찬가지입니다. 아내를 귀히 대접해야 합니다. 이웃에게도 열심히 선을 행해야 합니다. 베드로는 매우 어려운 교훈을 주고 있는데, "악을 악으로, 욕을 욕으로 갚지 말고 도리어 복을 빌라"(9절)고 합니다. 이것이 복을 이어받는 일이라고 합니다. 핍박하고 반대하는 자들에게 항상 선을 행하라고 권면합니다. 그것이 그리스도의 십자가를 따르는 온전한 삶이기 때문입니다. 복음에 합당한 삶을 사는 것은 쉽지 않습니다. 그러므로 우리는 날마다 복음을 우리 자신에게 들려주고 적용해야 합니다. 그리스도께서 불의한 자를 위해 십자가 위에서 죽으셨다는 진리가 우리 마음에 새겨지도록 매일 복음 안에 서야 합니다. 그래야만 부르심에 합당한 선한 삶을 살 수 있습니다.

5월 May 17

민수기26장 • 시편69편 • 이사야16장 • 베드로전서4장

민수기 26장은 두 번째 인구 조사입니다. 하나님은 20세 이상 전쟁에 나갈 수 있는 남자의 수를 헤아리라고 명하십니다. 각 지파별로 계수하는데, 첫 번째 인구 조사할 때와 큰 차이가 없습니다. 1,820명이 줄었을 뿐입니다. 심지어 레위 지파는 약 1,000명 정도 늘었으니 그 차이가 거의 없다고 볼 수 있습니다. 이것을 통해 우리는 하나님께서 이스라엘을 철저하게 보호하셨음을 발견합니다. 먹을 것과 입을 것과 거주할 곳이 없는 민족이 38년간 광야를 떠돌아다니면서 그 숫자가 전혀 줄지 않았다는 것은 기적에 가까운 일입니다. 하나님께서 약속을 지키셨기 때문에 이 기적 같은 일이 이루어진 것입니다.

시편 69편은 궁핍하고 연약하며 상한 자들을 도우시는 하나님을 찬양합니다. 다윗은 자신이 부당한 박해를 당하고 있다고 호소합니다. 온갖 수치와 비방과 모욕을 당하고 있습니다. 그로 말미암아 다윗의 마음과 삶은 완전히 무너져 있습니다. "비방이 나의 마음을 상하게 하여 근심이 충만하니 불쌍히 여길 자를 바라나 없고 긍휼히 여길 자를 바라나 찾지 못하였나이다"(20절). 심지어 그를 불쌍히 여겨 주는 사람도 없었습니다. 다윗의 유일한 소망은 하나님뿐입니다. 하나님은 가난한 자를 불쌍히 여기시기 때문입니다. 하나님은 슬픈 자들을 높이시고 곤고한 자들을 소생케 하시며 궁핍한 자들의 소리를 들으십니다. 하나님은 광야 속에서 방황하는 자들을 끝까지 지키시고 인도하십니다. 우리 삶에서 기적 같은 일을 이루시는 하나님을 끝까지 붙듭시다. 하나님 안에 복과 영광과 풍요와 위로가 있습니다.

이사야 16장은 모압이 멸망당하는 이유를 설명합니다. 다른 이방 국가와 마찬가지로 교만하기 때문입니다. "우리가 모압의 교만을 들었나니 심히 교만하도다 그가 거만하며 교만하며 분노함도 들었거니와 그의 자랑이 헛되도다"(6절). 하나님은 궁핍하고 연약하며 상한 자들은 도우시지만 교만하고 거만하며 자랑하는 자들은 망하게 하십니다. 비록 하나님께서 교만한 모압을 심판하시기로 작정했지만 심판을 즐기시지는 않습니다. 오히려 슬퍼하시고 괴로워하십니다. 사람을 불쌍히 여기시는 하나님의 마음을 알고 항상 그분께로 나아가는 성도들이 됩시다.

베드로전서 4장은 은혜를 맡은 청지기가 되라고 명합니다. 하나님은 구원을 즐거워하시고 심판을 괴로워하십니다. 그래서 예수 그리스도를 이 땅에 보내셔서 육체의 고난을 받게 하신 것입니다. 그러므로 성도는 같은 마음을 품어야 합니다. 심판을 괴로워하시는 하나님의 마음을 따라 죄를 미워해야 합니다. 죄를 멀리해야 합니다. 정신을 차리고 서로 뜨겁게 사랑해야 합니다. 은혜를 맡은 선한 청지기와 같이 서로 봉사해야 합니다. 고난을 받되 부도덕한 행위로 고난을 받지 말고 그리스도의 이름으로 말미암아 고난을 받아야 합니다. 우리 삶에 기적을 이루신 하나님의 은혜를 맡은 자답게 이제는 그 은혜를 전하며 살아야 합니다. "만일 그리스도인으로 고난을 받으면 부끄러워하지 말고 도리어 그 이름으로 하나님께 영광을 돌리라"(16절).

민수기 27장은 완벽한 세대교체를 보여 줍니다. 앞 장에서 땅 분배와 관련된 규칙이 주어졌는데, 슬로브핫의 딸들이 와서 이의를 제기했습니다. 그는 아들이 없이 죽었는데, 이로 말미암아 그의 이름이 그의 종족 중에서 사라질 위기에 처한 것입니다. 하나님은 그녀들의 의견을 받아 주라고 하십니다. 그리고 아들이 없을 시에는 어떤 식으로 땅을 주어야 하는지 규칙을 정해 주십니다. 그리고 모세의 자리를 여호수아에게 물려주라고 말씀하십니다. 모세는 이 모든 말씀에 순종합니다. 제사장 엘르아살과 온 회중 앞에서 여호수아에게 안수함으로 그를 지도자로 세웁니다. 이제 광야 1세대가 끝나고 광야 2세대가 완벽히 준비됩니다. 광야 1세대는 하나님을 불신하고 불순종하여서 가나안에 들어가지 못했지만 하나님은 끝까지 약속을 지키십니다. 가나안에 들어갈 광야 2세대를 완벽히 준비시키신 것입니다. 모든 것이 항상 그렇습니다. 하나님은 한결같으십니다. 모든 문제는 우리에게 있습니다. 그럼에도 불구하고 하나님은 흠 많은 우리를 다듬으셔서 복된 곳으로 인도해 주십니다. 하나님만이 우리의 소망이 되십니다.

시편 70편과 **시편 71편**은 주를 소망으로 삼는 기도입니다. 다윗은 자신을 조롱하는 자들 탓에 괴로워합니다. 자신에게 수치와 무안을 주는 자들 탓에 큰 모욕을 느낍니다. 세상은 성도의 실패를 보고 비웃습니다. 성도가 실패할 때마다 좋아합니다. 약점을 물고 늘어지고 결핍을 밝히 드러냅니다. 그리고 손가락질을 하며 조롱합니다. 그럴 때 하나님은 우리의 소망이 되십니다. "주 여호와여 주는 나의 소망이시요 내가 어릴 때부터 신뢰한 이시라"(71:5). 우리는 비록 어리석고 실패한 자들이지만 하나님은 능하신 분입니다. 그러므로 성도는 자신의 것을 드러내기보다는 하나님의 행적을 들어 올려야 합니다. 하나님을 전해야 합니다. 하나님은 정말로 우리를 위해 큰일을 행하시기 때문입니다.

이사야 17장과 **이사야 18장**은 다메섹과 에브라임과 구스의 멸망을 예고합니다. 어리석게도 에브라임은 열방과 하나가 되어 하나님을 대적합니다. 그들은 다메섹이 망하고 구스가 망하는 것처럼 망하게 될 것입니다. 에브라임이 망하는 이유는 다음과 같습니다. "이는 네가 네 구원의 하나님을 잊어버리며 네 능력의 반석을 마음에 두지 아니한 까닭이라"(17:10). 하나님을 잊은 에브라임은 하나님 이외의 것을 의지합니다. 그로 말미암아 하나님의 진노를 받게 됩니다. 그러나 에브라임은 다른 이방 국가와는 달리 하나님의 은혜를 얻습니다. 모든 것이 사라지는 중에도 '주울 것이 남을 것'이기 때문입니다(17:6). 이것은 순전히 하나님의 은혜입니다. 하나님은 진노 중에도 긍휼을 잊지 아니하십니다.

베드로전서 5장은 세상 속에 있는 교회가 어떠해야 하는지를 가르칩니다. 먼저 장로들에게 권합니다. 억지로 하지 말고 자원하는 마음으로 해야 합니다. 이득을 위해서 하지 말고 즐거이 해야 합니다. 주장하는 자세로 하지 말고 본이 되어야 합니다. 젊은이들은 장로들에게 순종하고 겸손해야 합니다. 하나님은 스스로 높이는 자가 아니라 낮추는 자를 가까이하십니다. 믿음을 굳건히 하되 우리를 부르신 분이 온전하게 하고 강하게 하며 견고하게 하실 것을 믿어야 합니다.

5월 May 19

민수기28장 • 시편72편 • 이사야19-20장 • 베드로후서1장

민수기 28장은 절기에 드리는 제물에 관한 가르침입니다. 하나님은 가나안에 들어갈 광야 2세대의 외부 조직을 다듬으시고, 이제 신앙을 강화시키십니다. 먼저 하나님 앞에 매일 드리는 제물을 요구하십니다. 이것을 통해 매일 하나님께 감사하라는 교훈을 주십니다. 그리고 안식일에 드리는 제물과 초하루에 드리는 제물을 요구하심으로 매주, 매월 하나님 앞에서 살 것을 가르치십니다. 또한 유월절과 칠칠절 등의 절기 제사를 통하여 하나님께서 행하신 일들을 기억하라고 말씀하십니다. 하나님의 백성은 하나님과의 관계가 전부입니다. 다른 것들은 그 관계로부터 나오는 부산물일 뿐입니다. 하나님과의 관계가 파괴된 채 얻게 되는 것은 선물이 아니라 저주입니다. 하나님은 우리가 어디에서 무엇을 하든지 하나님과의 관계를 소중히 할 것을 요구하십니다. 매일, 매주, 매월, 매년 등 모든 순간을 하나님 앞에서 사십시오.

시편 72편은 솔로몬의 시입니다. 왕의 대관식 때 낭독된 시로 왕을 위한 교훈이 담겨 있습니다. 왕은 올바른 판단력을 갖추어야 합니다. 공의롭게 재판해야 하고 가난한 자를 위해 정의를 실현해야 합니다. 가난하고 궁핍한 자를 건져 주어야 합니다. 정말 좋은 왕이 필요합니다. 그러나 이 땅의 권력자들은 그 누구도 이와 같은 왕이 될 수 없습니다. 이 시를 쓴 솔로몬조차 실패한 왕입니다. 그러므로 이 시가 가리키는 대로 행할 수 있는 왕은 한 분밖에 없습니다. 예수 그리스도이십니다. 예수 그리스도는 가난한 백성의 억울함을 풀어 주시고 궁핍한 자의 자손을 구원하시며 압박하는 자를 꺾으실 유일한 왕이 되십니다. "모든 왕이 그의 앞에 부복하며 모든

민족이 다 그를 섬기리로다"(11절).

이사야 19장과 **이사야 20장**은 애굽에 관한 경고입니다. 애굽은 이스라엘에게 특별한 나라입니다. 이스라엘을 지배했던 나라이며 강한 국력으로 근동을 다스렸던 나라입니다. 그러나 애굽은 하나님으로 말미암아 서서히 쇠퇴해 가고 있었습니다. 경제가 무너지고 정치가 혼란해지며 국력이 소실되어 가고 있습니다. 그러나 애굽이 완전히 멸망당하지는 않을 것입니다. 하나님은 애굽이 언젠가 하나님께로 돌아올 것이라고 말씀하십니다. 그럼에도 불구하고 이 나라의 쇠퇴 때문에 많은 국가들이 충격을 받을 것이라고 말씀하십니다. "그들이 바라던 구스와 자랑하던 애굽으로 말미암아 그들이 놀라고 부끄러워할 것이라"(20:5). 애굽의 예로 보듯이 성도가 믿을 것은 세상이 아닙니다. 오직 하나님을 믿어야 합니다. 세상의 모든 나라는 결국 하나님 나라 앞에 굴복할 것이기 때문입니다.

베드로후서 1장은 그리스도의 영원한 나라에 들어가는 성도에 관해 교훈합니다. 성도는 그리스도의 의를 힘입어 생명과 경건에 속한 모든 것을 얻었습니다. 그리고 신성한 성품에 참여하도록 부르심을 입었습니다. 따라서 성도는 더욱 힘써 "믿음에 덕을, 덕에 지식을, 지식에 절제를, 절제에 인내를, 인내에 경건을, 경건에 형제 우애를, 형제 우애에 사랑을" 더해야 합니다(5-7절). 이것은 부르심과 택하심을 더욱 굳게 하는 것으로 실족하지 않도록 돕습니다. 베드로는 이 교훈을 유언하는 것과 같은 마음으로 하고 있습니다. "이같이 하면 우리 주 곧 구주 예수 그리스도의 영원한 나라에 들어감을 넉넉히 너희에게 주시리라"(11절). 베드로의 교훈을 마음에 새깁시다. 베드로는 이 모든 것을 직접 보고 받고 체험한 사람입니다.

5월 May 20

민수기29장 • 시편73편 • 이사야21장 • 베드로후서2장

민수기 29장은 계속해서 절기에 드리는 제물에 관한 교훈을 말합니다. 일곱 번째 달 초하루에 드리는 제물과 열흘날에 드리는 제물을 가르칩니다. 일곱 번째 달은 이스라엘 달력에서 가장 중요한 달입니다. 대속죄일이 있는 달이기 때문입니다. 훗날 이달은 새해의 첫 달이 됩니다. 일곱 번째 달 초하루는 새해 첫날과 같은 의미가 됩니다. 열흘날은 속죄일입니다. 일곱 번째 달 열다섯째 날은 초막절입니다. 이날은 광야 생활을 기념하는 날입니다. 본문은 앞 장과 같은 교훈을 전합니다. 하나님께서 행하신 일들을 기억하면서 하나님께서 어떤 분이신지를 알고 또한 우리가 어떤 존재인지를 알라는 것입니다. 이 절기들은 예수 그리스도 안에서 완성됩니다. 즉 하나님의 사랑하심과 돌보심과 인도하심은 그리스도의 십자가를 통하여 확증되었습니다. 성도는 매일 그리스도의 십자가를 묵상하면서 감사와 기쁨으로 하나님께 나아가야 합니다.

시편 73편에는 악한 세상에서 주의 교훈을 붙들고 사는 신자의 모습이 나옵니다. 시인은 악인들이 세상에서 형통하는 모습을 보고 시험에 듭니다. 거의 넘어질 뻔했다고 합니다. 평생을 잘 먹고 잘 살다가 평안하게 죽는 악인의 모습은 가히 충격적입니다. 시인의 고민은 자신이 참으로 하나님을 알 때에 비로소 해결됩니다. 비록 이 세상에서는 아닐지라도 악인은 반드시 심판을 받게 될 것이기 때문입니다. 그는 자신의 어리석음을 반성하며 하나님의 교훈을 따르겠노라 다짐합니다. "하나님께 가까이함이 내게 복이라 내가 주 여호와를 나의 피난처로 삼아 주의 모든 행적을 전파하리이다"(28절).

이사야 21장은 바벨론과 두마와 아라비아에 관한 경고입니다. 바벨론에 관한 경고는 좀 더 세밀해집니다. 엘람과 메대가 약탈할 것이라고 하는데, 이 지역에서 일어난 페르시아가 바벨론을 멸망시킬 것이라는 예언입니다. 학자들에 따르면 두마는 에돔을 가리킵니다. 하나님은 파수꾼을 세워서 보고를 받으라고 하시면서 두마의 파멸과 아라비아의 쇠멸이 전달될 것이라고 예언하십니다. 종종 하나님을 대적하는 자들이 큰 권세와 부귀와 명예를 얻는 것처럼 보이지만 결국에는 멸망을 당하고 맙니다. 악인의 부귀영화는 일시적일 뿐입니다. 하나님의 교훈을 따르는 자만이 영원한 복을 얻습니다.

베드로후서 2장은 거짓 교사에 대한 경고입니다. 베드로는 교회 안에 거짓 교사들이 많이 나타날 것을 예고합니다. 그들에게는 몇 가지 특징이 있습니다. 그리스도를 부인합니다. 호색합니다. 탐심으로 지어낸 말을 합니다. 성도를 통해 이득을 얻으려고 합니다. 사람들을 속입니다. 베드로는 발람의 예를 들어 설명합니다. 발람은 돈을 받고 하나님의 말씀을 전하려고 했습니다. 그러나 나귀가 말을 해서 이 미친 행동을 저지하였습니다. 성도는 교회 안에 들어와 있는 거짓 교사를 잘 분별해야 합니다. 그들의 유혹을 이겨 내야 하고 거짓말을 골라내야 합니다.

5월 May 21

민수기30장 • 시편74편 • 이사야22장 • 베드로후서3장

민수기 30장은 서원에 관한 규례입니다. 남자들은 반드시 서약을 지켜야 합니다. 반면에 여자들은 좀 더 복잡합니다. 결혼하기 전에는 아버지에게 권한이 있습니다. 아버지가 아무 말이 없으면 지키고 허락하지 않으면 지키지 않아도 됩니다. 결혼한 후에는 그 권한이 남편에게 넘어갑니다. 과부나 이혼당한 여자는 남자와 같이 모든 서약을 지켜야 합니다. 서원은 대개 하나님을 향한 감사의 표현일 때가 많습니다. 그러므로 하나님은 광야 2세대가 하나님 앞에서 살아가는 존재로 하나님의 질서를 따라 서약할 것을 가르치신 것입니다. 함부로 서약하지 말고 서약한 것은 반드시 지키며 모든 서약은 질서 안에서 지켜져야 합니다. 오늘날에는 서약 준수의 유무로 복과 저주가 나뉘지는 않습니다. 그러나 하나님 앞에서 함부로 말하는 것은 여전히 좋지 않은 언어생활입니다. 하나님께 영광이 되고 이웃에게 덕이 되는 말을 하도록 해야 합니다. 하나님께는 감사의 말과 찬양의 말을 하고 이웃에게는 사랑의 말과 친절의 말을 하시기 바랍니다.

시편 74편은 하나님께서 어찌하여 침묵하시는지를 물으며 괴로워하는 시인의 절규입니다. 상황이 좋지 않습니다. 대적들이 이스라엘 한복판에 깃발을 세웠습니다. 도끼와 철퇴로 성소의 조각품을 부수고 더럽혔습니다. 하나님의 모든 회당을 불태웠습니다. 그럼에도 불구하고 하나님은 침묵하고 계십니다. "주께서 어찌하여 주의 손 곧 주의 오른손을 거두시나이까 주의 품에서 손을 빼내시어 그들을 멸하소서"(11절). 이제 시인은 세 가지를 내세워서 하나님께서 속히 일하시기를 간청합니다. 첫째는 주의 백성들이 당하는 능욕은 곧 하나님의 수치가 된다는 것입니다. 둘째는 하나님의 긍휼하심을 토대로 기도합니다. 셋째는 하나님의 언약을 기억해 달

라고 간구합니다. 즉 시인은 자신의 실력이나 공로를 걸고 하나님과 거래하지 않습니다. 오직 하나님의 이름과 긍휼과 언약에 근거하여 하나님의 구원을 간구합니다. 하나님은 우리를 근거로 하지 않고 당신 자신을 근거로 일하십니다. 그런데 그것이 우리의 소망과 위로가 됩니다. 우리 자신에게는 합당한 근거가 없기 때문입니다.

이사야 22장은 예루살렘을 향한 경고입니다. 환상의 골짜기는 예루살렘을 향한 비유입니다. 어리석은 예루살렘 백성들은 적들이 잠시 물러간 상황을 보고 승전가를 부릅니다. 그러나 이사야는 전혀 다른 환상을 봅니다. 예루살렘이 망한 환상입니다. 죄에 따른 심판을 받을 때는 통곡하고 애곡하며 머리를 뜯고 굵은 베를 입어야 하는데, 오히려 예루살렘 백성들은 먹고 마시면서 이렇게 말합니다. "내일 죽으리니 먹고 마시자"(13절). 하나님은 이 죄악을 용서하지 않겠다고 하십니다. 예루살렘의 타락은 백성만이 아니라 지도자에게도 있었습니다. 국고를 맡은 셉나는 하나님께 쫓겨나게 될 것이고 그 자리는 엘리아김에게 주어질 것입니다. 본문은 예루살렘의 총체적인 부패를 보여 줍니다. 지도자는 무능하고 백성들은 어리석습니다. 하나님께서 주신 회개의 기회조차 발로 차 버렸습니다. 심판의 날이 점점 다가오고 있습니다. 정신을 차리고 자신을 돌아보아 믿음을 굳게 합시다. 그것이 지혜로운 자의 태도입니다.

베드로후서 3장은 심판의 날을 생각하는 성도의 자세를 가르칩니다. 거짓 교사들은 심판의 날을 생각하지 못하게 합니다. 오늘 하루를 탐욕을 따라서 마음껏 살라고 부추깁니다. 그러나 심판의 날은 더딜 뿐이지 반드시 옵니다. 그날이 더딘 것은 하나님께서 우리를 향해 오래 참으시기 때문입니다. 그러므로 우리는 주의 오래 참으심을 감사하며 거룩한 삶을 위해 정진해야 합니다. 유혹에 이끌려 넘어지지 않도록 예수 그리스도의 은혜와 그를 아는 지식에서 자라가시기 바랍니다.

5월 May 22

민수기31장 • 시편75-76편 • 이사야23장 • 요한일서1장

민수기 31장은 미디안과의 전쟁을 기록합니다. 이 전쟁은 모세의 마지막 전쟁이요 여호와의 원수를 갚는 전쟁입니다. 모압 여자들과 음행을 저지른 대가로 이스라엘이 큰 화를 입은 적이 있었기 때문입니다. 전쟁은 대승리로 끝납니다. 미디안의 왕들과 발람이 죽습니다. 모세는 여자를 살려서 데리고 온 지휘관들을 꾸중합니다. 이 전쟁은 여호와의 원수를 갚는 전쟁, 곧 모압 여자들과 음행을 저지름으로 입게 된 화를 갚는 전쟁인데, 또다시 여자를 데리고 왔기 때문입니다. 이어서 가지고 온 전리품을 나눈 후에 하나님께 헌물을 드립니다. 이제 이스라엘은 본격적으로 전쟁을 경험하기 시작합니다. 전쟁의 목적은 간단합니다. 하나님께서 승리를 주심을 배우는 것입니다. 그리고 하나님께서 명하신 대로 모든 것을 행하는 것입니다. 하나님은 당신의 백성 편에서 일하십니다. 그러므로 우리도 하나님 편에 서기 위해 애를 씁시다.

시편 75편은 오만한 자들을 심판하시는 하나님을, **시편 76편**은 찬양받기에 합당하신 하나님을 노래합니다. 하나님은 참으로 오만한 자들을 미워하십니다. 교만한 목으로 말하는 자들을 심판하십니다. 교만한 자들은 기어코 낮추시고 겸손한 자들은 반드시 높이십니다. 또한 하나님은 강한 자의 것은 빼으시고 힘 있는 자들의 무기는 허사가 되게 하십니다. 하나님께서 한 번 노를 발하시면 누구도 그 앞에 설 수 없습니다. 그러므로 우리는 두려워할 만한 자를 두려워해야 합니다. "주께서는 경외받을 이시니 주께서 한 번 노하실 때에 누가 주의 목전에 서리이까"(76:7). 이 세상에서 진정으로 승패를 결정하시는 분은 하나님밖에 없습니다. 하나님을 두려워하되 하나님께서 우리의 편에 서 계심을 감사합시다.

이사야 23장은 두로의 멸망과 회복을 예언합니다. 두로는 무역의 중심지였습니다. 배들이 오고 가는 항구 도시였습니다. 따라서 두로가 망하면 모든 나라가 영향을 받게 됩니다. 애굽도 그중에 하나입니다. "그 소식이 애굽에 이르면 그들이 두로의 소식으로 말미암아 고통받으리로다"(5절). 두로가 망하는 이유도 다른 국가와 같습니다. "만군의 여호와께서 그것을 정하신 것이라 모든 누리던 영화를 욕되게 하시며 세상의 모든 교만하던 자가 멸시를 받게 하려 하심이라"(9절). 교만은 인생뿐만 아니라 국가도 망하게 합니다. 그러나 하나님은 두로도 다시 회복시키실 예정입니다. 이것을 통해 모든 국가가 하나님의 손 안에 있음을 보여 주실 것입니다. 국가의 흥망성쇠도 하나님께 달려 있습니다. 하나님은 당신의 뜻대로 국가를 망하게도 하시고 흥하게도 하십니다. 그것을 통하여 인생들에게 당신이 어떤 분인지를 가르치십니다. 하나님은 교만을 매우 미워하십니다. 하나님의 자리를 차지하는 것은 그 어떤 것이라도 멸하십니다. 하나님을 두려워하십시오. 하나님을 높이시고 자신을 낮추십시오. 그것이 복을 얻는 비결입니다.

요한일서 1장은 빛이 되시는 하나님을 가르칩니다. 요한은 생명의 말씀에 관해서 전합니다. 이 말씀은 예수 그리스도입니다. 요한은 예수 그리스도를 전하여 사람들이 그분과 사귐이 있게 하려고 합니다. 먼저 그분께 들은 바에 따르면, 하나님은 어둠이 조금도 없는 빛이십니다. 그러므로 하나님과 사귀려면 어둠이 없어야 합니다. 빛 가운데로 행하기 위해서는 죄를 고백해야 합니다. 죄를 고백할 때 하나님께서 우리의 죄를 용서해 주시기 때문입니다. 우리 편에 계신 하나님을 알고 그의 도움을 얻고자 하는 자는 모두 죄 용서를 받아야 합니다. 미쁘시고 의로우셔서 우리 죄를 사하시며 모든 불의에서 깨끗하게 하실 하나님 앞에 그리스도의 피를 의지하여 담대히 나아가십시오. 빛의 세상에서 살게 될 것입니다.

5월 May 23

민수기32장 • 시편77편 • 이사야24장 • 요한일서2장

민수기 32장에는 모세가 요단 동쪽 땅을 요구하는 지파들을 받아 주는 장면이 나옵니다. 르우벤 자손과 갓 자손이 모세에게 와서 심히 많은 가축 떼를 이유로 요단 동쪽 땅을 요구합니다. 모세는 그들의 요구가 마치 가데스 바네아에서 부정적인 보고를 했던 정탐꾼의 죄와 같다고 비난합니다. 이에 두 지파는 가나안 전쟁에서 앞장서서 싸울 것이고 그쪽 땅은 전혀 요구하지 않을 것이라고 약속합니다. 모세는 그들의 요구를 받아 줍니다. 므낫세 반 지파를 포함하여 세 지파가 요단 동쪽 땅을 분깃으로 받게 됩니다. 본문은 땅이 아니라 공동체가 더 중요함을 가르칩니다. 하나님의 약속을 함께 받은 자는 그 약속의 성취까지 함께 이루어 가야 합니다. 교회가 바로 그렇습니다. 그리스도의 몸에 연합된 지체로 모든 성도와 함께 마지막 날까지 서로를 세워야 합니다. 자기만 돌보고 형제를 돌보지 않는 사람은 참된 교회라 할 수 없습니다.

시편 77편은 현실에 부재한 하나님과 과거에 일하신 하나님을 대조합니다. 시인은 처참한 현실을 바라봅니다. 그는 하나님께서 이스라엘을 버리신 것이 아닐까 의심합니다. "주께서 영원히 버리실까, 다시는 은혜를 베풀지 아니하실까, 그의 인자하심은 영원히 끝났는가, 그의 약속하심도 영구히 폐하였는가, 하나님이 그가 베푸실 은혜를 잊으셨는가, 노하심으로 그가 베푸실 긍휼을 그치셨는가 하였나이다"(7-9절). 그는 이스라엘 가운데 하나님의 긍휼이 떠났을까 염려합니다. 하나님께서 계시지 않는 현실을 보며 심령이 상할 정도로 근심합니다. 그리고 과거를 회상합니다. 하나님께서 행하신 기이한 일들을 기억합니다. 모든 민족들 중에 주의 능력을

알리신 일을 생각합니다. 특히 홍해 사건을 떠올리며 하나님께서 주의 백성을 양 떼같이 인도하셨다고 말합니다. "주의 길이 바다에 있었고 주의 곧은길이 큰물에 있었으나"(19절). 과거를 생각하는 것, 무엇보다 하나님께서 우리를 위해 일하신 과거를 생각하는 것은 신앙에 있어 매우 중요한 작업입니다. 흔들리는 믿음을 잡아 주고 소망을 품게 만들기 때문입니다.

이사야 24장은 종말론적인 환상을 보여 줍니다. 지금까지 하나님은 역사 속의 국가들이 어떻게 망하고 흥하는지를 예언하셨습니다. 본문은 언젠가 일어날 세상의 종말을 보여 줍니다. 그날에는 땅이 공허하게 되고 온전히 황무하게 될 것입니다. 즐거움이 사라질 것이고 기쁨도 그칠 것입니다. 노래가 멈추고 잔치도 소멸될 것입니다. 세계 민족 가운데 이와 같은 일이 일어날 것입니다. 세상이 심판을 맞이하는 이때에 한 무리는 노래할 것입니다. 하나님께 영광을 돌리는 자들의 노래입니다. 악인이 패망하는 세상 속에 하나님께서 나타나실 것인데, "만군의 여호와가 시온 산과 예루살렘에서 왕이 되시고 그 장로들 앞에서 영광을 나타내실 것"입니다(23절). 성도는 역사 안에서 종말을 바라볼 줄 알아야 합니다. 수많은 나라들의 흥망성쇠를 보며 하나님 나라의 영원함을 소망해야 합니다. 또한 온갖 재난과 질병과 범죄를 보며 하나님의 심판이 다가오고 있음을 깨달아야 합니다. 세상이 아니라 하나님을 보아야 합니다.

요한일서 2장은 새 계명을 지키라고 명합니다. 예수님은 화목제물이 되십니다. 예수님으로 말미암아 빛이신 하나님과 화목하게 된 사람은 빛 가운데 거합니다. 계명을 지키고 말씀에 순종합니다. 이 계명은 형제를 사랑하는 것입니다. 빛 가운데 있다 하면서 형제를 미워하는 자는 사실 어둠에 있는 것입니다(10절). 지나가 버릴 세상을 사랑하지 말고 하나님의 뜻대로 살아야 합니다. 마지막 때를 살아가는 성도로 더욱 힘써 주 안에 거해야 합니다.

5월 May 24

민수기33장 • 시편78:1-37 • 이사야25장 • 요한일서3장

민수기 33장은 모세가 지난날을 회고하는 장면입니다. 모세는 크게 네 부분으로 나누어 과거를 회상합니다. 첫째, 유월절에 애굽을 탈출하던 때입니다. 둘째, 라암셋에서 시내 광야까지입니다. 셋째, 시내 광야에서 가데스까지입니다. 그리고 넷째, 가데스에서 모압 평지까지입니다. 그때마다 있었던 사건들을 간단히 언급하며 이스라엘의 실패와 하나님의 인도하심에 초점을 맞춥니다. 모세의 회고 이후 하나님은 가나안 땅에 있는 우상을 모두 부수라고 명하십니다. 그리고 땅을 점령하고 원주민을 몰아내라고 하십니다. 만약 몰아내지 않으면 하나님께서 그들을 향해 생각하셨던 것을 이스라엘에게 행하실 것이라고 경고하십니다. 하나님은 이스라엘이 광야에서의 실패를 가나안 땅에서는 반복하지 않기를 원하신 것입니다. 과거를 회고하는 것은 미래를 준비하는 것입니다. 비록 좋지 못한 기억이 있다 할지라도 과거를 꼼꼼하게 점검할 필요가 있습니다. 과거의 실패를 미래에 반복하지 않기 위해서입니다.

시편 78편 1-37절은 광야 속 이스라엘의 역사 회고입니다. 바다를 가르시고 낮에는 구름으로 밤에는 불빛으로 인도하셨으며 광야에서 반석을 쪼개시고 매우 깊은 곳에서 물이 나오게 하셨던 하나님을 말합니다. 또한 만나와 떡을 주셨던 하나님도 회상합니다. 그러나 동시에 이스라엘의 실패도 되짚습니다. 탐욕으로 하나님을 시험하고 욕심으로 하나님의 진노를 불러왔던 과거를 있는 그대로 기록합니다. 이유는 다음과 같습니다. "그들의 조상들 곧 완고하고 패역하여 그들의 마음이 정직하지 못하며 그 심령이 하나님께 충성하지 아니하는 세대와 같이 되지 아니하게 하려 하심

이로다"(8절). 즉 과거를 통하여 올바른 교훈을 얻게 하기 위함입니다. 하나님께서 행하신 일을 바르게 기억해야 합니다. 그럴 때 하나님께 소망을 두고 살아갈 수 있습니다.

이사야 25장은 하나님의 날에 임하는 구원과 심판에 관한 교훈입니다. 하나님의 날에는 모든 민족이 주를 찬양하고 노래할 것입니다. 그날에는 하나님께서 만민을 위하여 잔치를 베푸실 것인데 사망도 사라지고 눈물도 사라질 것입니다. 그날에는 하나님의 구원을 받은 자는 기뻐할 것이고, 교만하여 심판을 받은 자는 슬퍼할 것입니다. 과거를 회상하는 것만으로는 충분하지 않습니다. 소망해야 합니다. 하나님의 나라를 소망하고 그 나라의 복도 소망해야 합니다. 이 소망이 우리로 하여금 오늘을 믿음으로 살게 만듭니다.

요한일서 3장은 행함과 진실함으로 사랑하라고 명합니다. 장래의 소망을 가진 사람은 자기를 깨끗하게 하며 삽니다. 하나님께로부터 난 사람은 죄를 짓지 않습니다. 반면에 마귀에게 속한 사람은 죄를 사랑합니다. "이러므로 하나님의 자녀들과 마귀의 자녀들이 드러나나니 무릇 의를 행하지 아니하는 자나 또는 그 형제를 사랑하지 아니하는 자는 하나님께 속하지 아니하니라"(10절). 하나님께로부터 난 사람은 형제를 사랑하되 행함과 진실함으로 사랑합니다. 말로만 사랑하는 척하지 않습니다. 사랑은 하나님께서 우리에게 명하신 계명입니다. 그러므로 사랑의 계명을 실천하는 것은 우리가 그분 안에 거한다는 가장 확실한 증거가 됩니다.

5월 May 25

민수기34장 • 시편78:38-72 • 이사야26장 • 요한일서4장

민수기 34장에서는 분배받을 땅의 경계를 정합니다. 남쪽 땅과 북쪽 땅, 그리고 동쪽 땅과 서쪽 땅의 경계를 분명하게 정합니다. 이후 그 땅을 나눌 지휘관을 열두 지파에서 뽑습니다. 이 모든 작업은 가나안 전쟁을 수행하기 전에 시행됩니다. 즉 하나님은 가나안 땅을 이스라엘에게 주셨다는 것을 전제로 말씀하고 계십니다. 말씀과 성취의 관계가 이보다 더 선명하게 드러난 적이 없습니다. 하나님께서 말씀하신 것은 성취될 것이지만 사실상 성취된 것입니다. 그러므로 말씀을 받은 사람은 믿음을 갖고 순종하면 됩니다. 복잡한 경우의 수를 따지기보다, 강력한 장애물을 계산하기보다 말씀을 그저 믿고 순종하는 것, 그것이야말로 성도에게 가장 어울리는 삶입니다.

시편 78편 38-72절은 하나님의 신실하심과 이스라엘의 불충을 대조합니다. 하나님은 이스라엘을 양과 같이 기르셨습니다. 애굽에서는 열 가지 재앙을 통해 그들을 건져 내셨습니다. 가나안까지 인도하셔서 그들에게 그 땅을 분배해 주시고 살아가게 하셨습니다. 하나님은 이스라엘을 위해 말씀하신 것을 모두 성취하셨습니다. 그러나 이스라엘은 순종하지 않았습니다. "그들은 지존하신 하나님을 시험하고 반항하여 그의 명령을 지키지 아니하며"(56절). 그로 말미암아 이스라엘은 하나님의 징계를 받았습니다. 그러나 하나님은 다시 한 번 대적들을 물리쳐 주셨습니다. 그리고 다윗 왕을 세우셔서 이스라엘을 기르도록 하셨습니다. 본문은 과거를 되짚어서 성도의 삶을 교훈합니다. 하나님은 항상 신실하십니다. 당신의 백성을 양과 같이 돌보십니다. 말씀하신 것은 반드시 지키십니다. 그러나 과거

의 선조들은 완고하고 고집스러워서 반역을 밥 먹듯이 했습니다. 불순종은 하나님의 진노를 불러오고 고통스러운 삶을 만들어 냅니다. 참된 성도는 경고를 받고 온전히 순종하기 위해 애써야 합니다. 그것이 성도에게 가장 어울리는 삶입니다.

이사야 26장은 그날에 승리를 주시는 하나님을 향한 노래입니다. 그날에 의인은 승리하고 악인은 패합니다. 의인은 구원의 성에 들어가 평강을 누리고 악인은 심판을 받습니다. 이 노래에서 주목할 점은 부활을 예언한다는 것입니다. "주의 죽은 자들은 살아나고 그들의 시체들은 일어나리이다 티끌에 누운 자들아 너희는 깨어 노래하라 주의 이슬은 빛난 이슬이니 땅이 죽은 자들을 내놓으리로다"(19절). 그날에는 산 자와 죽은 자 모두가 심판을 받거나 구원을 받을 것입니다. 본문은 계속하여 종말론적 삶을 강조합니다. 여호와의 날, 마지막 날, 곧 그날에는 의인은 구원을 얻고 악인은 심판을 받습니다. 그러므로 성도는 그날을 소망하며 의의 길을 걸어야 합니다. 때로 궁핍하고 곤고한 길이라 할지라도 우리를 향해 끝까지 신실하신 하나님을 따라 우리도 끝까지 충성을 바쳐야 합니다.

요한일서 4장은 거짓 선지자들을 주의하고 사랑하는 삶을 지속하라고 명합니다. 거짓 선지자들은 세상에 속한 말을 합니다. 그래서 세상이 그들의 말을 듣습니다. 반면에 하나님께 속한 자는 하나님의 말을 듣습니다. 하나님의 말은 이것입니다. "사랑하는 자들아 하나님이 이같이 우리를 사랑하셨은즉 우리도 서로 사랑하는 것이 마땅하도다"(11절). 하나님의 사랑이 그리스도 예수를 통하여 나타났습니다. 그러므로 그리스도 안에 있는 자들은 하나님의 사랑을 확신합니다. 그리고 서로 사랑합니다. 이것은 "심판 날에 담대함을 가지게" 합니다(17절). 사랑합시다. 사랑은 하나님께서 우리에게 주신 계명으로 성도에게 가장 어울리는 삶입니다.

민수기35장 • 시편79편 • 이사야27장 • 요한일서5장

민수기 35장은 레위 지파가 받을 성읍과 도피 성읍에 관한 교훈입니다. 레위 지파에게는 따로 땅을 분배하지 않았습니다. 대신에 각 지파는 자신들의 소유에서 레위 지파를 위해 성읍을 내놓아야 했습니다. 많이 받은 지파는 많이, 적게 받은 지파는 적게 내놓아야 했습니다. 또한 하나님은 여섯 개의 도피 성읍을 지정하셨습니다. 실수로 살인을 저지른 자는 복수를 피해서 이 성읍들로 도망갈 수 있었습니다. 그는 대제사장이 죽은 뒤에야 고향 땅으로 돌아갈 수가 있었습니다. 도피성은 하나님의 자비가 드러난 제도입니다. 공의로우신 하나님은 죄에 상응하는 벌을 지정하셨지만 실수에 따른 죄에 대해서는 구원의 길을 마련하셨습니다. 특히, 대제사장의 죽음으로 자유를 얻게 된다는 규정은 그리스도를 생각나게 합니다. 우리는 그리스도의 죽음으로 말미암아 죄의 형벌로부터 해방되기 때문입니다.

시편 79편은 하나님의 자비를 구하는 기도입니다. 이스라엘은 이방에게 패망한 상황입니다. 시인은 예루살렘 사방에 피가 물같이 흘렀으나 매장하는 자가 없을 정도라고 기록합니다. 그는 조상의 죄와 그들의 죄를 함께 고백합니다. 그리고 하나님께서 용서해 주시기를 간청합니다. "죽이기로 정해진 자도 주의 크신 능력을 따라 보존하소서"(11절). 죄 사함을 구하고 심판을 면할 수 있는 길은 자비로우신 하나님께 간구하는 것 외에는 없습니다. 일찍이 도피성을 마련하셔서 구원의 길을 여신 하나님의 자비에 의존하는 것만이 살 길입니다. 죄 지은 모든 사람들은 하나님께 매달리십시오. 하나님께서 마련해 놓으신 그리스도의 십자가를 붙드십시오. 죄의

형벌로부터 자유함을 얻게 될 것입니다.

이사야 27장은 그날에 자기 백성들을 회복하시는 하나님에 관한 이야기입니다. 먼저 그날에는 악한 세력이 죽임을 당할 것입니다. 또한 그날에는 하나님께서 아름답게 가꾸신 포도원을 보며 백성들이 노래를 부를 것입니다. 이 포도원은 원래 나쁜 포도를 맺음으로 하나님께 파괴를 당했었습니다. 이 포도원은 이스라엘을 뜻합니다. 그러나 하나님은 완전히 파괴치 않으시고 다시 회복시키시겠다고 약속하셨습니다. 하나님께서 포도원, 곧 당신의 백성을 친히 가꾸셔서 그날에 거룩한 산으로 불러 모으실 것입니다. 사람에게는 소망이 없습니다. 사람은 선을 행할 수 없습니다. 사람이 할 수 있는 일은 하나님께 거역하는 것뿐입니다. 하지만 하나님은 당신의 백성을 반드시 보존하십니다. 하나님께서 친히 소망이 되시고 구원이 되셔서 그 일을 이루십니다. 그래서 사람에게는 여전히 소망이 있습니다. 여전히 믿고 의지할 바가 있습니다. 그것은 바로 하나님의 사랑입니다.

요한일서 5장은 하나님의 아들을 믿는 믿음에 관한 교훈입니다. 하나님의 사랑은 예수 그리스도를 통해 확증됩니다. 그리스도를 화목제물로 보내셔서 우리의 구원이 되게 하셨기 때문입니다. 그러므로 하나님께로부터 난 자는 예수님께서 그리스도이심을 믿습니다. 이 믿음은 세상을 이기는 믿음입니다. 그리스도를 믿는 믿음 안에서 우리는 생명을 얻습니다. 이 믿음은 우리로 하여금 참 하나님을 알게 하고 우상에게서 멀어지게 합니다. 참된 믿음은 살아서 역사하는 믿음입니다.

5월 May 27

민수기36장 • 시편80편 • 이사야28장 • 요한이서1장

민수기 36장은 땅 문제를 세밀하게 규정합니다. 슬로브핫에게는 아들이 없었기 때문에 딸들이 땅을 물려받도록 했습니다. 그러자 슬로브핫이 속한 므낫세 지파가 와서 묻습니다. 만약에 그녀들이 다른 지파 사람들과 결혼하게 되면 그 땅을 빼앗기는 것이 아니냐는 것입니다. 하나님의 답은 간단했습니다. 슬로브핫의 딸들은 므낫세 지파의 아들들과만 결혼하도록 한 것입니다. 슬로브핫의 딸들은 기꺼이 순종합니다. 이것으로 땅 분배와 관련된 지침이 모두 마무리됩니다. 하나님의 확고한 말씀이 이스라엘 전체에게 믿음을 전달하였습니다. 이스라엘은 하나님의 말씀을 믿고 세세한 항목까지 질문합니다. 본문의 대화를 보면, 마치 가나안 땅을 이미 정복한 듯합니다. 말씀에 대한 믿음은 하나님께서 당신의 백성에게 가장 바라시는 바입니다. 하나님에 대한 신뢰를 뜻하기 때문입니다.

시편 80편은 포도나무를 비유로 이스라엘의 구원을 호소하는 기도입니다. 구원이 필요한 상황입니다. 시인은 백성들이 눈물의 양식을 먹었다고 표현합니다. 하나님께서 진노를 누그러뜨리시고 속히 구원을 베푸시기를 간구합니다. 그는 과거를 꺼내어 하나님의 손길을 요구합니다. 하나님은 애굽에서 포도나무 하나를 가져다가 가나안에 심으셨습니다. 친히 가꾸셔서 아름답고 강하게 하셨습니다. 그런데 지금은 지나가는 자들이 과일을 마구잡이로 따먹고 멧돼지와 들짐승들도 와서 헤집고 있습니다. 시인은 하나님께서 심고 가꾸신 이 포도나무를 돌봐 달라고 간구합니다. "만군의 하나님이여 구하옵나니 돌아오소서 하늘에서 굽어보시고 이 포도나무를 돌보소서"(14절). 민수기 36장과는 사뭇 다른 분위기입니다. 민수기 36장에는 가나안 정복을 앞두고 소망이 가득합니다. 믿음도 충만합니다. 그러나 본문은 실패와 고통을 호소합니다. 그 사이에는 이스라엘의 반역이 있습니다. 이제 시인이 의지할 수 있는 것은 중보자입니다. 하나님의 오른쪽에 있는 자, 곧 주를 위하여 힘 있게 하신 인자가 필요합니다. 그는 바로 예수 그리스도이십니다. 예수 그리스도만이 하나님과 우리 사이를 중보할 수 있는 유일하신 분입니다.

이사야 28장은 이스라엘을 향한 경고입니다. 먼저 에브라임이 경고를 받습니다. 에브라임은 북이스라엘을 뜻하는 것으로 여기에 나오는 성은 사마리아 성을 말합니다. 그것은 겉으로 볼 때는 화려하지만 하나님께서 보내신 힘 있는 자에게 그 면류관이 짓밟힐 것입니다. 또한 남유다도 경고를 받습니다. 제사장과 선지자를 언급하는 것으로 볼 때 이곳은 예루살렘 성입니다. 교만하고 고집스러운 제사장과 선지자들은 결국 넘어지고 부러지며 붙잡히게 될 것입니다. 하나님은 이 오만한 이스라엘을 향해 시온에 있는 한 돌을 보라고 하십니다. 이 돌은 하나님의 성전을 의미하는 것 같습니다. 이 돌을 의지하는 자는 다급하지 않게 될 것이고 공평과 정의로 판단을 받게 될 것입니다. 하나님은 계속하여 말씀하십니다. “너희는 오만한 자가 되지 말라”(22절). “귀를 기울여 내 목소리를 들으라 자세히 내 말을 들으라”(23절). 오만하여 하나님의 말씀을 청종하지 않는 사람은 징계를 받을 것이고, 겸손하여 하나님의 말씀에 귀를 기울이는 사람은 지혜를 얻게 될 것입니다.

요한이서 1장은 거짓 교사를 분별하고 사랑의 계명을 지키라고 말합니다. 거짓 교사는 그리스도께서 육체로 오셨다는 사실을 거부합니다. 그리스도에 관한 교훈을 바르게 전하지 않습니다. 요한은 이 교훈을 갖지 않고 찾아오는 사람은 집에 들이지도 말고 인사도 하지 말라고 합니다. 거짓 교사를 향해서는 날카로운 분별력과 단호한 대처가 필요합니다. 반면에 형제와 자매들에게는 사랑의 계명을 실천해야 합니다. 말세를 살아가는 성도의 자세입니다.

5월 May 28

신명기1장 • 시편81-82편 • 이사야29장 • 요한삼서1장

신명기 1장은 모세가 가나안을 앞에 두고 모압 평지에서 설교하는 장면으로 시작합니다. 때는 아모리 왕 시혼과 바산 왕 옥을 죽인 후입니다. 호렙 산에서 하나님께서 말씀하신 일, 각 지파에서 인정받는 자들을 택하여 수령을 세운 일, 가데스 바네아에서 정탐꾼을 보낸 일, 그리고 백성들의 불신과 하나님의 진노로 광야를 떠돌게 된 일을 말합니다. 모세가 광야 2세대 앞에서 과거를 회상하는 이유는 분명합니다. 광야 1세대의 실패를 통해 교훈을 얻고, 그럼에도 불구하고 끝까지 동행하신 하나님의 은혜를 가르치기 위해서입니다. 죄와 실패를 되짚는 것은 유익합니다. 경고를 받아서 올바른 길로 걸어갈 수 있도록 돕기 때문입니다. 은혜를 되짚는 것은 더욱 유익합니다. 그 길을 걸어갈 수 있는 힘을 얻기 때문입니다.

시편 81편은 과거를 돌아보며 하나님에 관한 교훈을 얻습니다. 하나님은 애굽 땅을 치셔서 이스라엘을 구원하셨습니다. 므리바에서는 물을 내어 목마른 백성들이 해갈하도록 하셨습니다. 이것을 통해 하나님께서 이스라엘의 하나님이 되심을 가르치고자 하셨습니다. 그런데 이스라엘은 엉뚱하게 반응하였습니다. "내 백성이 내 소리를 듣지 아니하며 이스라엘이 나를 원하지 아니하였도다"(11절). 그로 말미암아 이스라엘은 징계를 당합니다. 본문이 과거를 되짚는 이유는 교훈을 받도록 하기 위해서입니다. 하나님께서 참으로 우리의 능력이 되시기에 그분의 말씀을 따라야 한다는 것입니다. **시편 82편**은 하나님 이외에 다른 신을 두지 말라는 권고입니다. 하나님만 신이십니다. 그것도 가난하고 곤란한 자를 위해 공평하게 판단하시는 신이십니다. 헛된 우상을 숭배하지 말고 오직 하나님만 섬기십시오.

이사야 29장은 남유다의 패망과 회복에 관한 이야기입니다. 아리엘은 여호와의 암사자라는 뜻으로 예루살렘을 말합니다. 하나님으로 말미암아 아리엘, 곧 다윗이 진 친 성읍에 열방의 무리가 쳐들어올 것입니다. 예루살렘이 징벌을 받는 이유는 다음과 같습니다. "이 백성이 입으로는 나를 가까이하며 입술로는 나를 공경하나 그들의 마음은 내게서 멀리 떠났나니 그들이 나를 경외함은 사람의 계명으로 가르침을 받았을 뿐이라"(13절). 즉 위선과 거짓으로 점철된 신앙 때문입니다. 그러나 하나님은 구원을 베푸실 계획입니다. 못 듣는 사람이 말을 듣고 맹인이 볼 것이며 가난한 자가 기뻐하게 될 것입니다. 이스라엘의 자손들도 하나님을 경외하게 될 것이고 교훈을 받게 될 것입니다. 본문은 사람의 부패와 무력함에서 하나님의 복음으로 나아갑니다. 사람으로는 망할 수밖에 없지만 하나님은 스스로 새 일을 행하셔서 사람을 복되게 하십니다.

요한삼서 1장은 형제들을 영접하고 악한 자를 내쫓으라고 가르칩니다. 요한은 교회의 성도를 나그네라고 표현합니다. 이 세상에서 나그네 된 자, 곧 형제들을 친절하게 영접해야 합니다. 진리를 위하여 함께 일하기 때문입니다(8절). 반면에 교만하여 형제를 영접하지도 않고 영접하고자 하는 자까지 쫓아내는 자는 징계해야 합니다. 교회는 악한 것을 본받지 말고 선한 것을 본받아야 하는데, 그러기 위해서는 올바른 분별력이 필요합니다.

5월 May 29

신명기2장 • 시편83-84편 • 이사야30장 • 유다서1장

신명기 2장은 요단 동쪽 땅을 정복하기 전까지의 역사를 기록합니다. 가데스 바네아에서 실패한 이스라엘은 도로 광야로 들어갑니다. 모세는 "여러 날"(1절)이라고 표현했는데, 이 기간이 무려 38년입니다. 가나안 지역을 향해 나아가던 중에 에돔과 모압과 암몬을 만나지만 하나님은 그들과 전쟁하지 말라고 명하십니다. 반면에 헤스본 왕 시혼과는 전쟁을 명하십니다. 정확한 이유는 알 수 없습니다. 이스라엘이 하나님의 말씀에 순종했다는 것이 중요합니다. 광야 1세대가 실패하여 "여러 날"(1절) 동안 방황했던 것에 반해, 광야 2세대는 순조롭게 출발합니다. 하나님의 명령을 따라 치른 싸움에서 큰 승리를 거둔 것입니다. 모세는 이 역사를 복습하기 원합니다. 하나님은 과거나 오늘이나 내일이나 언제나 동일하시기 때문입니다.

시편 83편은 이방 국가들이 연합하여 이스라엘을 대적하는 것 때문에 하나님께 호소하는 간구입니다. 에돔과 이스마엘인과 모압과 하갈인과 그발과 암몬과 아말렉과 블레셋과 두로와 앗수르가 동맹을 맺었습니다. 그리고 이스라엘을 겁박합니다. "그들이 말하기를 우리가 하나님의 목장을 우리의 소유로 취하자 하였나이다"(12절). 시인은 하나님께서 과거에 이방 국가들을 깨부숴 버리신 것처럼 지금도 그렇게 하시기를 간구합니다. 하나님께서 당신의 백성을 위하여 일하시는 것은 하나님 당신의 이름을 높이시는 일이기 때문입니다. **시편 84편**은 하나님의 성전을 사모하는 마음으로 하는 노래입니다. 그는 하나님께서 계신 곳을 정말로 사모합니다. 영혼이 쇠약해질 정도로 사모한다고 합니다. 그곳에 가면 힘을 얻고 복을 얻을 수 있기 때문입니다. 앞에 있는 장애물이 아무리 크다 한들 하나님보다 클 수 없습니다. 하나님은 당신의 백성을 위하여 더 크고 놀라운 일을 행하십니다. 그것을 아는 사람은 하나님께서 계신 곳을 사모합니다. 하나님 안에 거하면 참된 만족을 얻을 수 있기 때문입니다.

이사야 30장은 애굽을 의지하는 어리석은 이스라엘을 책망합니다. 출애굽 당시 하나님은 애굽을 돌아보지 말라고 말씀하셨습니다. 그러나 이스라엘은 과거를 잊고 자기 멋대로 애굽과 맹약을 맺습니다. 하나님께서 허락하시지 않은 이 맹약은 헛됩니다. 아무런 유익이 없습니다. "애굽의 도움은 헛되고 무익하니라"(7절). 하나님은 어리석은 이스라엘을 맹렬히 책망하십니다. 그들은 하나님의 법을 듣기 싫어하고 바른 말보다는 부드러운 말을 좋아합니다. 자신의 힘을 빼고 잠잠히 하나님의 도우심을 구하는 자가 구원을 얻는다고 말씀하셨지만 그들은 여전히 스스로를 믿어 구원을 얻고자 합니다. 그러나 하나님은 참으로 인자하십니다. "여호와께서 기다리시나니 이는 너희에게 은혜를 베풀려 하심이요 일어나시리니 이는 너희를 긍휼히 여기려 하심이라"(18절). 구원은 하나님 편에서 시작됩니다. 소망도 하나님으로부터 주어집니다. 하나님께서 백성의 상처를 싸매 주시고 원수를 심판하십니다. 진노를 드러내시는 하나님조차 참 좋으십니다.

유다서 1장은 거짓 교사와 싸우라는 권면입니다. 거짓 교사는 그리스도를 부인합니다. 은혜를 방탕한 교리로 뒤바꿉니다. 그러나 하나님은 동일하게 일하십니다. 불신하는 광야 1세대를 멸하셨고 소돔과 고모라를 심판하셨습니다. 이렇게 행하는 사람들은 그때나 지금이나 망합니다. 거룩하신 하나님은 "모든 경건하지 않은 자가 경건하지 않게 행한 모든 경건하지 않은 일과 또 경건하지 않은 죄인들이 주를 거슬러 한 모든 완악한 말로 말미암아 그들을 정죄하"십니다(15절). 그러므로 자기 탐욕과 방탕에 빠져 살면서 그것이 괜찮다고 말하는 거짓 교사를 주의해야 합니다. "거룩한 믿음 위에 자신을 세우며 성령으로 기도하며 하나님의 사랑 안에서 자신을 지켜야" 합니다(20-21절).

5월 May 30

신명기3장 • 시편85편 • 이사야31장 • 요한계시록1장

신명기 3장은 요단 동쪽 땅을 정복하고 분배하는 장면입니다. 헤스본 왕 시혼을 쳐부순 이스라엘은 바산 왕 옥과의 전쟁에서도 승리합니다. 그리고 그 땅을 요구한 지파들에게 나눠 줍니다. 요단 동쪽 땅에서 이루어 낸 승리의 의미는 다음과 같습니다. "너희의 하나님 여호와께서 이 두 왕에게 행하신 모든 일을 네 눈으로 보았거니와 네가 가는 모든 나라에도 여호와께서 이와 같이 행하시리니 너희는 그들을 두려워하지 말라 너희의 하나님 여호와께서 친히 너희를 위하여 싸우시리라"(21-22절). 일종의 예행연습입니다. 하나님과 함께하는 전쟁은 반드시 승리함을 미리 가르쳐 주신 것입니다. 모세는 자신도 가나안에 들어가고 싶다고 하나님께 간구했지만 하나님은 거절하십니다. 모세가 할 일은 모두 끝났고 이제 모든 책임은 여호수아와 광야 2세대에게 넘어갔습니다.

시편 85편은 바벨론 포로에서 돌아온 백성들의 기도입니다. 하나님께서 은혜를 베푸셔서 그들은 다시 예루살렘으로 돌아오게 되었습니다. 그러나 현실은 여전히 처참했습니다. 하나님의 택한 백성이라고 말하는 것이 부끄러울 지경이었습니다. 시인은 하나님께서 죄를 용서하시고 예전처럼 복을 주시기를 간구합니다. 그리고 백성들에게 다음과 같은 교훈을 가르칩니다. "내가 하나님 여호와께서 하실 말씀을 들으리니 무릇 그의 백성, 그의 성도들에게 화평을 말씀하실 것이라 그들은 다시 어리석은 데로 돌아가지 말지로다"(8절). 실패를 돌아볼 필요가 있습니다. 과거를 되짚는 것도 필요합니다. 그것이 부끄럽고 힘겨운 작업일 수 있지만 복된 미래로 나아가기 위해서는 꼭 해야 하는 일입니다. 하나님이 아닌 다른 것을 숭배

하였던 죄를 발견하고 돌이켜야 합니다. 하나님만이 좋은 것을 주실 수 있습니다.

이사야 31장에는 30장의 내용이 한 번 더 반복됩니다. 애굽의 도움을 의지하는 것은 어리석습니다. 하나님께서 그 도움을 헛된 것으로 만드시기 때문입니다. 이스라엘은 하나님께서 보호하십니다. 그러므로 이스라엘이 의지할 것은 애굽이 아니라 하나님입니다. "이스라엘 자손들아 너희는 심히 거역하던 자에게로 돌아오라"(6절). 하나님만이 진정으로 의지할 만한 분입니다. 하나님은 우상을 부수시고 앗수르를 심판하시는 분입니다. 두려워할 만한 자를 두려워하고 의지할 만한 자를 의지하십시오. 하나님만이 우리의 보호자가 되십니다.

요한계시록 1장에는 일곱 교회에 편지하시는 예수 그리스도께서 나오십니다. 예수 그리스도는 밧모 섬에 유배되어 있던 요한에게 환상으로 나타나십니다. 그리고 당신이 하는 말을 일곱 교회에 보내라고 하십니다. 이 일곱 교회는 소아시아에 실제로 설립되어 있던 교회로 후대의 교회를 포함한 모든 교회를 대표합니다. 즉 이 편지는 예수님께서 모든 교회에게 보내시는 것입니다. 예수님께서 오른손에 일곱 별과 일곱 촛대를 쥐고 계신다는 것은 그분이 교회의 머리가 되신다는 의미입니다. 예수님이야말로 교회의 통치자요 예수님의 말씀이야말로 교회의 진정한 법입니다.

5월 May **31**

신명기4장 • 시편86-87편 • 이사야32장 • 요한계시록2장

신명기 4장은 율법 준수를 강조합니다. 광야 2세대와 함께 가나안에 들어갈 수 없게 된 모세는 목자의 마음으로 율법을 가르칩니다. 율법에 관한 모세의 교훈은 1절에 모두 드러납니다. "이제 내가 너희에게 가르치는 규례와 법도를 듣고 준행하라 그리하면 너희가 살 것이요" 모세는 율법을 준수하는 것이 얼마나 중요한지를 알고 있습니다. 광야 1세대의 실패가 바로 율법 준수의 실패에서 비롯되었기 때문입니다. 그래서 율법이 얼마나 필요하고 좋은 것인지를 설명합니다(7-8절). 그러므로 마음을 다해서 율법을 지키라고 명령합니다. 자손에게 가르쳐 지키게 하라고 명령합니다. 그것만이 이스라엘이 안전하고 부강하게 살 수 있는 비결이기 때문입니다. 특히 우상 숭배를 경계합니다. 우상은 하나님의 진노를 불러옵니다. 모세는 하나님께서 얼마나 큰 은혜를 베푸셨는지 생각하며 하나님만 섬길 것을 강조합니다. "어떤 국민이 불 가운데에서 말씀하시는 하나님의 음성을 너처럼 듣고 생존하였느냐 어떤 신이 와서 시험과 이적과 기사와 전쟁과 강한 손과 편 팔과 크게 두려운 일로 한 민족을 다른 민족에게서 인도하여 낸 일이 있느냐 이는 다 너희의 하나님 여호와께서 애굽에서 너희를 위하여 너희의 목전에서 행하신 일이라"(33-34절). 그러므로 이 좋으신 하나님만 섬기며 그분의 규례와 명령을 지켜야 합니다. 그것이 복된 인생을 사는 비결입니다.

시편 86편은 하나님만 유일하신 신이라고 노래합니다. 다윗은 하나님께 기대어 간구합니다. 하나님께서 응답하시고 은혜 베푸시기를 기도합니다. 하나님만이 참된 신이시기 때문입니다. "주여 신들 중에 주와 같은

자 없사오며 주의 행하심과 같은 일도 없나이다"(8절). "주만이 하나님이시니이다"(10절). 그렇기에 그는 하나님의 도로 가르침 받기를 원합니다. 또한 하나님께서 도와주시기만을 기다립니다. **시편 87편**은 하나님의 거룩한 산이 모든 민족의 출생지라고 말합니다. 즉 하나님만이 인생의 출처요 근원이 되십니다. 하나님만 섬겨야 하는 이유입니다.

이사야 32장은 공의로 통치할 왕에 대한 예언입니다. 예수 그리스도를 말하고 있습니다. 그분이 오시면 정의가 바로 세워질 것이고 피난처가 생길 것이며 질병이 치유될 것입니다. 어리석고 악하며 안일한 자들은 심판을 받을 것입니다. 풍요가 찾아올 것이고 생명이 넘쳐흐를 것이며 평안과 안전이 가득할 것입니다. 악한 세상과 부패한 현실 속에서 고통을 받던 백성들에게는 참으로 소망이 되는 예언입니다. 그 왕이 다스리는 나라가 속히 오기를 간절히 바랬을 것입니다.

요한계시록 2장은 에베소, 서머나, 버가모, 두아디라 교회에 전달된 예수님의 말씀입니다. 공의로 통치하시는 왕께서 이 땅에 오셨습니다. 앞을 못 보는 자는 보게 하시고 말을 못하는 자는 말하게 하시며 귀가 어두운 자는 듣게 하셨습니다. 또한 십자가와 부활을 통해 당신의 백성들의 왕이 되셨습니다. 그리고 당신의 백성을 교회로 불러 모으셔서 왕으로서 통치하고 계십니다. 에베소교회에게는 처음 사랑을 회복할 것을, 서머나교회에게는 죽도록 충성할 것을, 버가모교회에게는 거짓 교훈을 분별할 것을, 두아디라교회에게는 회개할 것을 말씀하셨습니다. 예수 그리스도의 왕되심은 말씀의 통치를 받은 교회를 통해 온전히 드러납니다. 말씀의 통치를 바르게 받아서 정의와 자비와 평안과 생명과 풍요가 가득한 교회를 세워 갑시다.

June
/
6월

6월 June 01

신명기5장 • 시편88편 • 이사야33장 • 요한계시록3장

신명기 5장은 십계명 선포입니다. 모세는 앞서 율법의 개관을 말하였고, 이제 율법의 구체적인 내용을 가르칩니다. 흔히 십계명이라 불리는 이 계명은 첫째부터 넷째까지는 하나님과 관련하여, 다섯째부터 열째까지는 이웃과 관련하여 명령합니다. 하나님은 모세에게 십계명을 두 돌판에 직접 기록하셔서 주셨습니다. 십계명은 하나님께서 이스라엘에게 복을 주시기 위해 허락하신 것입니다. 이것을 지켜 행할 때 복이 있을 것입니다. 십계명은 복과 저주를 나누는 잣대가 아닙니다. 오늘날 십계명은 하나님을 사랑하고 이웃을 사랑하는 지침을 제공합니다. 성도는 십계명을 통해 하나님을 사랑하는 방법과 이웃을 사랑하는 방법을 구체적으로 배웁니다. 십계명 준수는 행복과 안전과 만족을 가져다줍니다.

시편 88편은 큰 고통 속에서 도움을 간구하는 기도입니다. 기도자는 죽음의 고통을 겪고 있습니다. 그는 자신의 생명이 스올에 가까워졌다고 고백합니다. "나는 무덤에 내려가는 자같이 인정되고 힘없는 용사와 같으며 죽은 자 중에 던져진 바 되었으며 죽임을 당하여 무덤에 누운 자 같으니이다"(4-5절). 뿐만 아니라 그는 대단히 외롭습니다. 아는 자가 모두 멀리 떠났다고 합니다. 심지어 그들이 자신을 미워하는 사람이 되었다고 합니다. "주는 내게서 사랑하는 자와 친구를 멀리 떠나게 하시며 내가 아는 자를 흑암에 두셨나이다"(18절). 기도자가 원하는 것은 한 가지입니다. 하나님께서 자기를 향한 진노를 멈추시는 것입니다. 하나님께서 자신의 기도를 들어주시는 것입니다. 하나님께서 고통을 주셨으니 하나님께서 고통을 거두어 가시기를 바라는 것입니다. 하나님은 행복과 안전과 만족을 주시기도 하지만 종종 고통과 슬픔을 주시기도 합니다. 가장 큰 괴로움은 그 원

인을 모를 때 발생합니다. 그러나 성도는 끝까지 기도해야 합니다. 모든 것이 하나님으로부터 온다는 사실을 믿고 끝까지 간구해야 합니다.

이사야 33장은 앗수르에 대한 심판과 예루살렘 성의 회복을 말합니다. 앗수르의 심판은 이미 확정된 것입니다. 학대하던 앗수르는 화를 입어서 오히려 학대를 당하게 될 것입니다. 예언을 하는 중에 이사야는 하나님의 은혜를 간구합니다. 하나님께서 속히 구원을 베풀어 주시기를 간절히 기도합니다. 왜냐하면 앗수르의 횡포가 참으로 심각했기 때문입니다. "대로가 황폐하여 행인이 끊어지며 대적이 조약을 파하고 성읍들을 멸시하며 사람을 생각하지 아니하며"(8절). 비록 지금은 앗수르가 이스라엘을 학대하는 것처럼 보여도 언젠가는 하나님께서 가장 높은 곳에서 다스리실 것입니다. 예루살렘이 안정된 처소가 될 것인데, 장막이 옮겨지지도 않을 것이고 말뚝이 뽑히지도 아니할 것이며 줄이 끊어지지도 않을 것입니다. 심판과 구원, 그리고 도움을 간구하는 기도는 이 세상을 살아가는 성도가 반드시 이해해야 하는 삼각 구도입니다. 악인은 심판받을 것입니다. 의인은 구원받을 것입니다. 악한 세상 속에서 살아가는 의인은 속히 심판과 구원이 임하도록 간구해야 합니다.

요한계시록 3장은 사데, 빌라델비아, 라오디게아교회에게 전달된 편지입니다. 교회의 머리가 되시는 예수님은 사데교회에게는 위선적인 신앙에서 돌이킬 것을, 빌라델비아교회에게는 말씀을 끝까지 지킨 것에 대해 칭찬을, 라오디게아교회에게는 자신의 모습을 정직하게 바라볼 것을 명하십니다. 교회는 끊임없이 개혁되어야 합니다. 예수님께서 하신 말씀에 자신을 비추어 보고 흠과 결을 발견해야 합니다. 그리고 죄에 대해서는 돌이키고 의에 대해서는 힘써야 합니다. 말씀에 따라 개혁해 나가는 교회가 복이 있습니다.

6월 June 02

신명기6장 • 시편89편 • 이사야34장 • 요한계시록4장

신명기 6장은 가나안 땅에서 율법을 힘써 지킬 것과 자녀들에게 가르칠 것을 말합니다. 모세가 과거를 되짚고 율법을 강조하는 이유는 가나안에 들어갈 이스라엘 백성들에게 하나님의 율법을 지키는 것이 얼마나 중요한지를 가르치기 위해서입니다. 지금까지는 훈련이었고 이제부터는 진짜입니다. 그래서 하나님을 힘써 사랑하라고 합니다. 또한 자녀들에게 이 율법을 제대로 가르치라고 합니다. 그것이 복된 인생을 사는 비결이기 때문입니다. 조심해야 할 것도 있습니다. 다른 신들, 곧 주변에 있는 백성의 신들을 따르지 않는 것입니다(14절). 질투하시는 하나님은 다른 신을 섬기는 자기 백성을 꼭 징계하십니다. 하나님께서 율법을 주신 목적도 바르게 알아야 합니다. 다음과 같습니다. "여호와께서 우리에게 이 모든 규례를 지키라 명령하셨으니 이는 우리가 우리 하나님 여호와를 경외하여 항상 복을 누리게 하기 위하심이며 또 여호와께서 우리를 오늘과 같이 살게 하려 하심이라"(24절). 율법은 제약이 아닙니다. 오히려 우리를 마음껏 뛰놀게 만드는 안전 울타리입니다.

시편 89편은 성실하시고 인자하신 하나님을 노래합니다. 시인이 가장 중요하게 여기는 것은 하나님께서 다윗에게 하신 언약입니다. 이 언약은 은혜의 증거입니다. "주께서 이르시되 나는 내가 택한 자와 언약을 맺으며 내 종 다윗에게 맹세하기를 내가 네 자손을 영원히 견고히 하며 네 왕위를 대대로 세우리라 하셨나이다"(3-4절). 하나님은 참으로 성실하게 언약을 지키십니다. 백성들이 언약을 저버리고 율법을 지키지 않을 때에도 하나님은 당신의 언약을 버리지 않으십니다. 잠깐 회초리를 들어 백성의 죄를

다스리시기는 하지만 인자하심을 다 거두지는 않으십니다. 그러므로 고통 속에 있는 성도들은 하나님의 성실하심과 인자하심에 의지하여 끝까지 기도해야 합니다. 하나님의 침묵이 하나님의 부재는 아니고 하나님의 징계가 하나님의 심판은 아닙니다. 하나님은 사랑의 언약을 반드시 지키십니다.

이사야 34장은 열국을 향한 하나님의 심판을 예고합니다. 하나님은 당신의 백성들의 죄를 다스리시기 위해 열국을 심판의 도구로 사용하십니다. 그러나 열국은 심판의 도구일 뿐입니다. 멸망당하기에 합당한 그들은 끝내 하나님께 보복을 당합니다. 하나님은 때로 당신의 백성의 죄를 징계하시기 위해 세상을 사용하십니다. 그러나 세상이 하나님께서 정하신 경계를 넘어서 폭거를 일으키거나 주의 이름을 모욕한다면 그에 합당한 심판을 행하십니다. 하나님은 당신의 백성에게는 사랑으로 징계하시지만 세상은 심판하십니다. 그러므로 하나님의 백성은 심판당하는 세상을 보면서 두려워하기보다는 경고로 받고 돌이켜 회개해야 합니다.

요한계시록 4장은 천상의 예배를 묘사합니다. 이 땅은 복잡한 일들이 얽혀 있지만 하늘은 늘 선명합니다. 하나님의 영광을 예배하는 일만 있습니다. 예수님은 요한을 인도하여 하늘에서 벌어질 일들을 미리 보여 주십니다. 거룩하신 하나님을 중심으로 천사와 이십사 장로들이 경배를 드립니다. 앞 장은 이 땅에 있는 일곱 교회가 분투하는 모습을 보여 주었다면, 본문은 분투를 끝낸 교회가 하나님께 경배를 드리는 모습을 보여 줍니다. 이 땅과 하늘의 간격, 지금과 그날의 간격 속에서 살아가는 성도들은 그날 하늘에서 벌어질 영광의 예배를 소망하며 유혹과 시험 앞에서 힘써 믿음을 지켜야 합니다. 이것이 요한계시록이 기록된 목적 중 하나입니다.

6월 June 03

신명기7장 • 시편90편 • 이사야35장 • 요한계시록5장

신명기 7장은 가나안 정복과 삶에 관한 교훈입니다. 모세는 가나안에 들어가서 지켜야 할 규범을 알려 줍니다. 일곱 족속을 모두 진멸하고 그들과 어떠한 언약을 맺어서는 안 됩니다. 그들과 혼인해서도 안 되고 그들 가운데 있는 우상은 모조리 허물어야 합니다. 오직 하나님만 사랑하고 그분이 주신 율법에만 순종해야 합니다. 그러면 하나님께서 큰 복을 주실 것입니다. 자기들의 수가 적고 약하다고 두려워할 필요는 없습니다. 하나님께서 이스라엘을 택하신 이유가 바로 그것이기 때문입니다. 하나님은 수가 적고 약한 민족을 들어서 당신이 얼마나 큰지를 세상에 보여 주기 원하십니다. 그러므로 두려워하지 말고 하나님의 뜻대로 살면 됩니다. 본문이 말하는 교훈은 오늘날 세상 속에서 살아가는 그리스도인에게도 적용될 만합니다. 우리가 뛰어나고 탁월하기 때문에 하나님께서 복 주시는 것이 아닙니다. 하나님의 백성이기 때문에 복을 주시는 것입니다. 그러므로 우리는 세상을 두려워하지 말고 하나님의 뜻대로 살아야 합니다. 하나님을 믿고 의지하며 그분께 순종하는 것이 세상 속에서 그리스도인답게 살아가는 방식입니다.

시편 90편은 모세의 시입니다. 하나님의 영원하심과 인생의 유한함을 비교하며 참된 지혜를 얻자고 호소합니다. 하나님은 영원하십니다. 모든 것이 있기 전에 하나님은 계셨습니다. 하나님께는 시간이 적용되지 않습니다. 반면에 인생은 유한합니다. 아침에 피었다가 저녁에 지는 풀과 같습니다. 오래 살아 봐야 80년입니다. 그러므로 정말 지혜로운 사람은 자신을 자랑하지 않고 하나님을 의지합니다. 하나님께 인생을 의탁하는 것이 가

장 현명한 선택임을 압니다. 하나님을 바르게 알아야 합니다. 그럴 때 하나님 앞에서 우리의 인생을 바르게 헤아려 볼 수 있습니다.

이사야 35장은 하나님께서 구원하시는 날이 어떠할지를 말합니다. 광야에 꽃이 무성하게 필 것입니다. 보지 못하는 자의 눈이 밝을 것이고 못 듣는 사람의 귀가 열릴 것입니다. 저는 자는 뛸 것이고 말 못하는 자는 노래할 것입니다. 사막이 연못이 될 것이고 사나운 짐승들이 사라질 것입니다. 구원받은 자들이 시온으로 돌아와서 기쁨과 즐거움을 얻을 것입니다. 그날에는 슬픔과 탄식이 사라질 것입니다. 하나님께서 당신의 백성을 구원하시는 날에는 찬란하고 아름답고 복된 나라가 펼쳐질 것입니다. 이것이 믿는 자의 소망입니다. 본문에 나오는 예언은 예수님께서 초림하셨을 때 어느 정도 성취되었습니다. 그것은 예수님께서 재림하실 때 완전히 성취될 것입니다. 그러므로 성도는 예수님께서 행하신 일을 믿고 그분께서 행하실 일을 소망하며 오늘을 살아야 합니다.

요한계시록 5장은 죽임 당하신 어린양에 관한 내용입니다. 보좌에 앉으신 이의 손에 일곱 인으로 봉해진 두루마리가 있습니다. 일찍이 죽임을 당한 것 같은 어린양이 그 두루마리를 취합니다. 하나님의 권세를 맡은 자가 된 것입니다. 네 생물과 장로들은 보좌에 앉으신 이에게 했던 것과 같이 어린양을 향해 경배를 드립니다. 또한 수많은 천사와 모든 피조물들도 어린양에게 경배합니다. 보좌에 앉으신 이와 어린양이 우주의 중심입니다. 감히 하나님의 자리를 탐내지 말고 우리에게 걸맞은 위치에 서서 그분을 경배하는 것이 사람의 마땅한 본분입니다. 하늘에서 드릴 예배를 소망하며 이 땅에서도 하나님만 섬기며 사시기를 바랍니다.

6월 June 04

신명기8장 · 시편91편 · 이사야36장 · 요한계시록6장

신명기 8장에서 모세는 하나님을 잊지 말라고 당부합니다. 모세는 사십 년의 광야 생활을 기억하라고 합니다. 하나님께서 사람의 마음을 낮추셔서 명령을 지키는지 지키지 않는지를 알려 하신 사건이기 때문입니다. 그 기간 동안 하나님은 백성들을 돌보시고 먹이시고 말씀하셨습니다. 그리고 이제 아름다운 땅으로 인도하실 것이니 항상 하나님을 경외하고 그분의 명령을 지키라고 합니다. 혹시라도 가나안에 들어가서 배부르고 부유해졌다고 하나님을 잊으면 안 된다고 경고합니다. 교만한 자는 반드시 징계를 받기 때문입니다. 본문은 겸손과 교만을 잘 설명합니다. 하나님께서 광야 생활로 이끄신 이유는 마음을 낮추셔서 계명을 지키도록 하시기 위한 것이었습니다. 우리 인생에 때때로 광야가 필요한 이유이기도 합니다. 광야는 우리를 겸손케 해서 하나님을 의지하도록 만듭니다. 반면에 부유함과 편안함이 교만을 빚어내기도 합니다. 그것을 마치 자기의 힘으로 이룬 것처럼 착각해 버립니다. 하나님은 교만을 미워하시기에 그 인생을 광야로 몰아가십니다. 겸손은 복을 불러오는 통로이지만 교만은 광야로 나아가는 통로입니다.

시편 91편은 하나님께서 참된 피난처가 되심을 노래합니다. 시인은 하나님을 오롯이 의지합니다. 그에게 하나님은 피난처요 요새요 방패입니다. 그는 하나님의 그늘 아래에 숨기를 원합니다. 시인은 하나님께서 위험에서 건져 주시고 재앙에서 보호해 주심을 확신합니다. 본문은 겸손한 자의 마음을 잘 표현합니다. 겸손한 사람은 하나님을 의뢰합니다. 하나님을 자기 거처로 삼습니다. 하나님 안에 참된 복과 만족이 있다는 사실을 진심으로 믿습니다. 그리고 겸손한 사람은 하나님의 도우심을 반드시 받습니다. "하나님이 이르시되 그가 나를 사랑한즉 내가 그를 건지리라 그가 내

이름을 안즉 내가 그를 높이리라"(14절).

이사야 36장은 앗수르의 장군 랍사게가 예루살렘과 히스기야 왕을 조롱하는 장면입니다. 남유다를 침공한 앗수르 왕은 자신의 부하를 예루살렘에 보냅니다. 유다를 하대하는 일종의 조롱입니다. 실제로 랍사게는 예루살렘과 히스기야를 실컷 조롱합니다. '도대체 뭘 믿고 우리에게 까불었느냐'고 말합니다. 그는 하나님도 조롱합니다. 그 어떤 신도 앗수르의 손에서 자기 백성을 구원하지 못했다고 합니다. 히스기야의 신하들은 랍사게를 찾아가서 히브리어로 말하지 말아 달라고 부탁합니다. 백성들이 동요하기 때문입니다. 기가 산 랍사게는 더욱 큰 소리로 조롱을 이어 갑니다. 이스라엘은 하나님의 징계를 받는 중입니다. 가나안에 들어가기 전 모세는 목소리를 높여서 하나님을 잊지 말라고 당부하였는데, 그 후손들은 너무나도 쉽게 반복하여 하나님을 잊었습니다. 하나님은 이스라엘의 마음을 철저히 낮추시고자 앗수르를 들어 심판의 도구로 사용하고 계십니다. 하나님께서 원하시는 것은 이스라엘이 다시 하나님 앞에 겸손히 서서 당신의 길을 따르는 것입니다. 교만하면 망합니다. 겸손하면 흥합니다.

요한계시록 6장은 일곱 인의 심판 이야기입니다. '7'이라는 숫자로 이루어진 심판들은 개별 사건을 의미하지 않습니다. 말세에 일어날 여러 사건들을 그림 언어로 보여 줄 뿐입니다. 역사적 사건과 일대일로 대응시켜서는 안 됩니다. 일곱 인의 심판도 마찬가지입니다. 각 인이 떼어질 때마다 사건들이 일어납니다. 예를 들어, 둘째 인이 떼어질 때는 전쟁이 일어나고, 넷째 인이 떼어질 때는 많은 사람이 죽습니다. 이것은 예수님께서 마태복음 24장에서 말씀하신 말세의 일들과 유사합니다. 전쟁과 기근과 지진이 있을 것이라고 하셨는데 바로 그 일이 일어난다는 뜻입니다. 우리는 이와 같은 징조를 보면서 하나님 나라가 다가오고 있음을 깨달아야 합니다. 달란트를 맡기신 주인이 다시 오셨을 때 착하고 충성된 종이라는 칭찬을 들을 수 있도록 오늘도 믿음으로 사시기를 바랍니다.

6월 June **05** 신명기9장 • 시편92-93편 • 이사야37장 • 요한계시록7장

신명기 9장은 광야에서 저지른 이스라엘의 악행을 되짚습니다. 광야 2세대의 마음을 낮추어서 오직 하나님만 의지하도록 하기 위해서입니다. 모세는 이스라엘이 목이 곧은 백성이라는 사실을 깨닫게 합니다. 황금 송아지를 만들었던 사건을 언급합니다. 다베라와 맛사와 기브롯 핫다아와에서의 반역 사건도 언급합니다. 가데스 바네아에서의 불순종 사건도 말합니다. 모세는 아픈 추억을 꺼내 들어서 이스라엘이 교만하지 않도록 경계합니다. 혹시라도 가나안에 들어가게 된 원인을 자기 자신의 공의로움에 돌리지 않을까 염려하는 것입니다. “네가 심중에 이르기를 내 공의로움으로 말미암아 여호와께서 나를 이 땅으로 인도하여 들여서 그것을 차지하게 하셨다 하지 말라”(4절). 이스라엘이 가나안에 들어갈 수 있는 이유는 하나님께서 당신의 언약에 성실하시기 때문입니다. 이스라엘에게 자격이 있기 때문이 아닙니다. 우리가 명심해야 할 교훈입니다. 우리의 공로나 조건이 구원의 근거가 아닙니다. 오직 하나님의 언약이 우리 구원의 근거입니다. 그러므로 교만한 인생을 살아서는 안 됩니다. 하나님께서 자격 없는 자에게 베푸신 은혜를 생각하며 늘 겸손하게 사십시오.

시편 92편과 **시편 93편**은 높이 계신 하나님을 찬양합니다. 시인은 주께서 행하신 일을 노래합니다. 주께서 행하신 일이 자신을 기쁘게 하고 복되게 한다고 말합니다. 하나님은 인자하시고 성실하십니다. 악인은 멸하시고 의인은 번성케 하십니다. 하나님은 높은 곳에서 능력으로 다스리십니다. 하나님을 높이 바라봅시다. 우리의 낮은 처지를 깨닫게 될 것입니다. 하나님께서 행하신 일을 세어 봅시다. 우리가 받은 복이 얼마나 대단한지

알게 될 것입니다.

이사야 37장은 기도하는 히스기야 왕과 승리를 주시는 하나님을 기록합니다. 히스기야는 이사야에게 신하들을 보내 기도를 부탁합니다. 이사야는 하나님께서 앗수르 왕을 치실 것이니 두려워하지 말라고 합니다. 그러나 성 밖에는 여전히 앗수르의 군대가 있었습니다. 히스기야는 여호와의 전에 올라가 앗수르 왕의 편지를 펼쳐 놓고 간절히 기도합니다. "우리 하나님 여호와여 이제 우리를 그의 손에서 구원하사 천하 만국이 주만이 여호와이신 줄을 알게 하옵소서"(20절). 히스기야의 기도를 하나님께서 들으셨습니다. 여호와의 사자가 앗수르의 군대를 무찌르고 앗수르의 왕은 자기 신하들에게 죽임을 당합니다. 사방팔방이 막혀도 하나님께 기도하면 생명의 길이 열립니다. 종종 찾아오는 장애물들은 우리의 연약한 처지를 깨닫게 하고 하나님의 크신 능력을 바라보게 합니다. 명심하십시오. 조건을 갖춘 자가 하나님께 인정을 받은 것이 아니라 자격 없는 자가 하나님의 은혜 속에서 살고 있는 것입니다.

요한계시록 7장은 성도가 얻게 될 영광을 설명합니다. 세상은 심판을 받아서 멸망해 가지만 하나님은 당신 백성들의 이마에 인을 쳐서 보호하십니다. 인침을 받은 십사만 사천이라는 숫자는 상징적인 숫자입니다. 하나님의 택한 백성들을 뜻합니다. 훗날 하나님의 백성들은 보좌 앞에서 하나님께 경배를 드릴 것입니다. 하나님은 그들에게 장막을 치셔서 주리지도 아니하고 목마르지도 아니하며 상하지도 않게 보호하실 것입니다. 그때는 어린양이 목자가 되셔서 생명샘으로 인도하실 것이고 모든 눈물을 씻겨 주실 것입니다. 지금의 두려움과 염려를 믿음으로 이겨 내고 장차 얻게 될 영광과 위로를 소망합시다. 이 세상에서 성도로 살 수 있는 힘을 얻게 될 것입니다.

6월 06
June

신명기10장 · 시편94편 · 이사야38장 · 요한계시록8장

신명기 10장은 하나님께서 요구하시는 것을 말합니다. 황금 송아지 사건 이후 하나님은 십계명을 다시 주셨습니다. 그리고 다시 약속의 땅을 향해 앞서 가셨습니다. 이스라엘의 반역에도 불구하고 하나님은 은혜를 베푸신 것입니다. 모세는 이 사건을 기억하라고 명합니다. 그리고 하나님께서 요구하시는 것이 무엇인지 정확히 말합니다. "네 하나님 여호와를 경외하여 그의 모든 도를 행하고 그를 사랑하며 마음을 다하고 뜻을 다하여 네 하나님 여호와를 섬기고 내가 오늘 네 행복을 위하여 네게 명하는 여호와의 명령과 규례를 지킬 것이 아니냐"(12-13절). 하나님께서 행하신 일을 기억해야 하는 이유는 하나님을 참으로 경외하고 그분의 말씀이 복된 줄 앎으로 순종하기 위해서입니다. 하나님은 우리의 행복을 위하여 율법을 주셨습니다. 하나님은 우리를 택하시고 돌보시며 인도하십니다. 이 하나님을 바르게 알 때 비로소 우리는 하나님을 사랑하고 섬길 수 있습니다.

시편 94편은 악하고 오만한 자들을 심판해 달라는 호소입니다. 하나님은 공의로우십니다. 하나님의 이름이 능욕당할 때 참지 않으십니다. 시인은 하나님을 복수하시는 분, 심판하시는 분으로 표현합니다. 특히 교만한 자와 악한 자를 그렇게 하신다고 합니다. 그들은 하나님이 없다고 비웃지만 하나님은 모든 것을 들으시고 모든 것을 보십니다. 당신의 백성을 위하시고 의인을 지키십니다. 하나님의 성품을 바르게 이해해야 합니다. 하나님께서 아무런 말을 하시지 않는다고 하여 악을 용인하시는 것이 아닙니다. 하나님께서 아무런 행동을 하시지 않는다고 하여 교만을 받아 주시는 것도 아닙니다. 하나님은 판단하고 계십니다. 그러므로 성도는 하나님의 공의를 믿고 따라야 합니다. 악과 교만에 편승해서는 안 됩니다.

이사야 38장은 히스기야 왕이 기도하여 병이 낫는 장면입니다. 히스기야가 죽을병에 걸립니다. 그는 얼굴을 벽으로 향하고 하나님께 간절히 기도합니다. 하나님께서 그의 기도를 들으십니다. 그리고 15년의 생명을 더해 주십니다. 또한 앗수르 왕의 손에서도 구원해 주시겠다고 약속하십니다. 본문은 하나님께서 어떤 분이신지를 잘 설명합니다. 하나님은 당신을 간절히 찾는 자를 만나 주십니다. 하나님께 소망을 두고 구원을 요청하는 자의 기도를 꼭 들으십니다. "내가 네 기도를 들었고 네 눈물을 보았노라"(5절). 하나님은 정말로 당신의 백성을 위하시고 도우십니다. 그러므로 항상 하나님을 찾으십시오. 하나님 안에 거처를 두십시오. 하나님 밖으로 나가지 않도록 삼가십시오. 하나님 안에 행복과 만족이 가득합니다.

요한계시록 8장은 일곱 나팔 심판을 말합니다. 일곱 번째 인을 떼자 일곱 천사가 일곱 나팔을 받습니다. 요한은 그 사이에 성도의 기도가 하나님 앞으로 올라가는 환상을 봅니다. 성도의 기도는 하나님 앞에 반드시 올라갑니다. 그러므로 기도합시다. 하나님은 기도를 헛되게 여기지 않으십니다. 일곱 나팔 심판도 일곱 인도 비슷합니다. 첫째 나팔로 땅의 삼분의 일이 탑니다. 둘째 나팔로 바다의 삼분의 일이 피가 됩니다. 셋째 나팔로 하늘에서 큰 별이 떨어집니다. 넷째 나팔로 해와 달과 별의 삼분의 일이 타격을 받습니다. 나팔 심판은 창조의 파괴를 뜻합니다. 하나님은 땅을 만드시고 하늘을 만드시며 바다와 강을 만드셨습니다. 또한 해와 달과 별도 만드셨습니다. 그런데 그 삼분의 일에 문제가 생긴다는 것은 하나님의 창조세계가 파괴되고 있음을 의미합니다. 이 세상의 외형이 지나가고 있음을 뜻합니다. 세상에 소망을 두지 말고 하나님 나라에 소망을 두고 삽시다.

6월 June 07

신명기11장 • 시편95-96편 • 이사야39장 • 요한계시록9장

신명기 11장은 사랑과 순종과 소망과 믿음에 관한 교훈입니다. 모세는 하나님을 사랑하고 그의 율법을 지키라고 말합니다. 그러고는 하나님께서 행하신 큰일을 다시 말합니다. 하나님께서 누구신지 정말로 알아야 합니다. 하나님께서 나에게 어떤 일을 행하셨는지를 알아야 합니다. 그럴 때 하나님을 사랑할 수 있고, 하나님을 사랑해야만 하나님께 순종할 수 있기 때문입니다. 또한 모세는 장래의 소망을 말합니다. 하나님께서 약속하신 땅을 주실 것이고 그곳에서 복을 얻게 될 것이라고 말합니다. 그러므로 이스라엘은 하나님을 믿고 그분 안에 거하기 위한 모든 노력을 하면 됩니다. 모세는 복과 저주가 이스라엘 앞에 있다고 말하며 순종하면 복을 얻고 불순종하면 저주를 받을 것이라고 합니다. 모세가 나눈 복과 저주의 기준이 오늘 우리에게는 해당되지 않습니다. 우리의 기준은 예수 그리스도입니다. 예수 그리스도 안에 있는 사람은 항상 복을 얻습니다. 심지어 우리가 불순종할 때도 우리는 저주를 받지 않습니다. 그러나 하나님의 말씀대로 사는 것은 복됩니다. 말씀 자체가 복이요 말씀으로 얻게 되는 지혜가 복이기 때문입니다.

시편 95편과 **시편 96편**은 하나님을 노래하자는 외침입니다. 시인은 사람들에게 즐거이 하나님을 노래하자고 요청합니다. 새 노래를 만들어서 찬양하자고 합니다. 하나님은 우리의 하나님이시요 우리는 그가 기르시는 백성이며 그분의 손이 돌보시는 양이기 때문입니다(95:7). 하나님은 모든 신들보다 뛰어나십니다. 모든 신들은 우상이요 하나님은 참된 신입니다. 그러므로 하나님께만 영광을 돌리고 하나님만 노래해야 합니다. 마음

을 완고하게 해서 하나님을 근심하게 해서는 안 됩니다. 하나님께서 우리를 위하여 행하신 일들을 생각하며 항상 찬양합시다.

이사야 39장은 히스기야 왕의 실패를 기록합니다. 하나님의 도우심을 받고 살아난 히스기야는 순식간에 그 기억을 잊어버립니다. 바벨론의 사신들이 오자 그들에게 자신의 부강함을 자랑합니다. 마치 자신의 힘으로 얻은 것인 양 거만하게 굴었습니다. 하나님께서 노하십니다. 하나님은 교만한 자를 가장 싫어하십니다. 하나님은 히스기야가 보여 준 모든 소유를 바벨론 왕궁으로 옮겨 버리실 것이라고 예고하십니다. 하나님께 붙어 있는 자는 복을 얻지만 하나님으로부터 떨어진 자는 화를 입습니다. 교만하여 화를 입기 전에 하나님께서 행하신 일들을 항상 기억하시기 바랍니다. 하나님께서 다 하셨습니다. 우리는 자격도 없고 실력도 없습니다. 올바른 신앙 고백으로 올바른 삶을 향해 나아갑시다.

요한계시록 9장은 다섯째 나팔과 여섯째 나팔의 환상입니다. 천사가 다섯째 나팔을 불자 황충이 땅에서 인침을 받지 못한 사람만 해합니다. 다섯 달 동안 사람들을 해한다고 하는데, 그들의 왕은 히브리어로는 아바돈, 헬라어로는 아볼루온이라고 합니다. 여섯째 나팔을 불자 결박된 네 천사가 풀려나서 사람들을 죽입니다. 삼분의 일을 죽였다고 합니다. 그러나 살아남은 사람들은 회개하지 않고 여전히 우상 숭배와 악행을 계속합니다. 본문은 애굽에서 행해진 열 가지 재앙을 떠오르게 합니다. 온갖 재앙으로 말미암아 사람들이 큰 고통을 겪는 중에도 바로의 마음은 더욱 완고해져 갔습니다. 믿는 자에게 고통은 성장의 디딤돌이 되지만 불신자에게 고통은 고집을 강화시키는 도구가 될 뿐입니다. 세상에서 일어나는 온갖 재난 앞에서 마음을 딱딱하게 만들지 말고 경건한 삶에 대한 동기 부여를 받으시기를 바랍니다.

6월 08 June

신명기12장 • 시편97-98편 • 이사야40장 • 요한계시록10장

신명기 12장은 가나안 땅에서 제사를 올바르게 드리는 방법을 가르칩니다. 가나안에 들어가면 가나안의 방식을 철저히 버려야 합니다. 당시 가나안 사람들은 곳곳에 우상을 만들어 놓고 제사를 드렸습니다. 그러나 이스라엘은 하나님께서 택하신 곳, 곧 그분이 계실 곳을 찾아가서 제사를 드려야 합니다. 거룩하신 하나님은 거룩한 장소에 계시고 거룩한 방식으로 드리는 제사만 받으시기 때문입니다. 모든 동물을 성소에서 죽여야 한다는 의미는 아닙니다. 먹을 짐승은 각 성에서 잡아 죽일 수 있었습니다. 단, 그 피는 먹지 말아야 합니다. 모세는 다른 신을 섬기지 말라는 경고를 반복합니다. 죽고 사는 문제가 달려 있기 때문입니다. 하나님은 모든 곳에 계시기 때문에 우리는 어디에서나 예배를 드릴 수 있습니다. 특히 오늘날에는 예수 그리스도를 힘입어 항상 담대히 하나님께 나아갈 수 있습니다. 그럼에도 불구하고 하나님은 아무 예배나 받지는 않으십니다. 하나님께서 정하신 방식, 곧 영원한 희생 제물이 되시는 예수 그리스도를 통하여 하나님께 나아가는 예배만 받으십니다. 하나님은 그때나 지금이나 거룩하십니다. 자기 소견에 옳은 대로 예배하는 것은 우상 숭배와 다를 바가 없습니다.

시편 97편은 우상 숭배를 경고하고 오직 하나님만 노래합니다. 하나님은 온 세상을 다스리시는 주권자이십니다. 구름과 흑암을 통치하시고 번개와 땅을 다스리십니다. 하늘과 산도 하나님의 것입니다. 하나님만 유일하신 신입니다. 피조물로 만든 우상은 모두 가짜 신입니다 "조각한 신상을 섬기며 허무한 것으로 자랑하는 자는 다 수치를 당할 것이라"(97:7). **시편 98편**은 모든 만물의 찬양을 받으시는 하나님을 노래합니다. 온 땅은 하나님을 찬양합니다. 바다와 거기 충만한 것도 하나님을 찬양합니다. 세계와 그중에 거주하는 자도 하나님을 찬양합니다. 하나님만 하나님이시기 때문입니다. 하나님께서 창조하신 모든 것은 하나님을 찬양하도록 지음 받았습니다. 하늘과 땅과 바다와 생물은 각자의 자리에서 하나님의 영광을 드러냅니다. 그러므로 우리 역시 하나님께서 원하시는 방식으로 하나님께 영광을 돌려야 합니다. "하늘이 그의 의를 선포하니 모든 백성이 그의 영광을 보았도다"(97:6).

이사야 40장에서는 비할 수 없는 하나님의 영광이 드러납니다. 히스기야의 실패로 유다에게는 패망이 예고됩니다. 그러나 당신의 백성을 향한 하나님의 생각은 재앙이 아닙니다. 회복입니다. 하나님은 반드시 아름다운 소식을 전하실 것입니다. 하나님은 우상과 같이 만들어진 존재가 아니십니다. 오히려 모든 것을 창조하신 분입니다. 그 어떤 것도 하나님과 비할 수 없습니다. 하나님은 크고 강하십니다. 그러므로 하나님을 앙망하는 자는 새 힘을 얻습니다. 피곤하지 않고 곤비하지 않습니다. 하나님은 찬양받기에 합당하십니다.

요한계시록 10장에는 바다와 땅을 밟고 있는 천사가 나옵니다. 그는 하늘을 향하여 오른손을 들고 있습니다. 하늘과 땅과 바다를 향한 하나님의 주권을 표현합니다. 하늘에서 들리던 음성이 말하길 그 천사의 손에 있는 두루마리를 가지라고 합니다. 요한이 그 두루마리를 먹습니다. 입에서는 달지만 배에서는 쓴 이 말씀을 백성과 나라와 방언과 임금에게 예언하라는 명령을 받습니다. 달고 쓴 이유는 이 말씀이 구원과 심판의 메시지를 담고 있기 때문입니다. 역사의 주권자이신 하나님은 당신의 백성들에게는 구원의 말씀을 주시지만 대적자들에게는 심판의 말씀을 주십니다. 하나님께서 온 우주의 주권자이심을 믿으십시오. 그리고 그분의 말씀을 붙들고 담대한 믿음으로 사십시오. 가장 높은 곳에 계신 하나님께서 믿음으로 사는 우리를 통해 영광 받으실 것입니다.

6월 June 09

신명기13-14장 • 시편99-101편 • 이사야41장 • 요한계시록11장

신명기 13장과 **신명기 14장**은 이스라엘 중에 생겨나는 불신자와 부정한 것을 제거하라고 말합니다. 모세는 거짓 선지자가 얄팍한 이적과 기사를 일으킨 후에 다른 신을 섬기자고 하면 그를 죽이라고 명합니다. 심지어 가족이나 친구가 다른 신을 섬기자고 해도 그를 죽이라고 합니다. 불신자의 충동에 넘어가서 다른 신을 섬기는 성읍이 있으면 그 성읍 자체를 제거하라고 말합니다. 우상 숭배는 죽고 사는 문제이기 때문입니다. 곧이어 모세는 부정한 것을 잘 구별해서 먹지 말고 행하지 말라고 합니다. 매년 십일조를 드리고 매 삼 년에는 십일조를 통해 가난한 자를 구제하라고 합니다. 정확히 구분할 수는 없지만 본문은 하나님 사랑과 이웃 사랑을 명하고 있습니다. 하나님 이외에 다른 신을 섬겨서는 안 됩니다. 이것은 단호하고 엄격하게 지켜야 하는 법입니다. 또한 자기 자신의 정결을 잘 지키고 이웃을 돌봐야 합니다. 이것도 힘써 행해야 하는 법입니다. 이 두 가지 법은 오늘날에도 적용될 수 있습니다. 하나님은 마음을 다해서 사랑하고 이웃은 힘을 다해서 도웁시다. 이것이 복된 인생입니다.

시편 99-101편은 하나님을 향한 찬양과 감사의 노래입니다. 하나님은 정의와 공의를 세우시는 왕입니다. 또한 그것을 당신의 백성에게 적용하시는 분입니다. 그러므로 하나님의 백성은 항상 공평한 처우를 받습니다. 하나님은 우리를 지으시고 기르십니다. 그분은 참으로 선하시고 인자하시고 성실하십니다. 인자와 정의로 통치하시는 하나님은 찬양받기에 합당하십니다. 하나님을 향한 감사와 찬양은 입으로만 하는 것이 아니라 삶으로도 하는 것입니다. 사악한 마음을 버리고 악한 일을 행하지 않습니다. 이웃을 헐뜯지 않고 교만한 자를 용납하지 않습니다. 거짓을 행하는 자와 거짓말을 하는 자를 내칩니다. 하나님의 성실과 인자와 공의와 긍휼과 자

비를 아는 사람은 그분을 노래하고 그분을 본받습니다.

이사야 41장은 열국의 심판자와 구원자가 되시는 하나님을 말합니다. 하나님은 열국을 재판 자리에 부르십니다. 열국은 우상을 숭배하였기에 두려워합니다. 반면에 하나님은 이스라엘을 향해서는 이렇게 말씀하십니다. "두려워하지 말라 내가 너와 함께함이라 놀라지 말라 나는 네 하나님이 됨이라"(10절). 비록 이스라엘은 벌레같이 미약한 존재이지만 하나님께서 도우시기에 두려운 마음을 가질 필요가 없습니다. 두려워해야 하는 자들은 우상을 섬기는 자들입니다. 우상은 아무 힘도 없기 때문입니다. "보라 그들은 다 헛되며 그들의 행사는 허무하며 그들이 부어 만든 우상들은 바람이요 공허한 것뿐이니라"(29절).

요한계시록 11장은 두 증인에 관한 이야기입니다. 두 증인은 신실한 성도를 뜻합니다. 우상을 섬기는 세상은 심판을 받습니다. 물론 한시적으로 세상은 권세를 가집니다. 그 권세로 교회를 핍박하기도 합니다. 때로 그 핍박이 강력하여서 신실한 성도가 순교할 때도 있습니다. "그들의 시체가 큰 성 길에 있으리니 그 성은 영적으로 하면 소돔이라고도 하고 애굽이라고도 하니 곧 그들의 주께서 십자가에 못 박히신 곳이라"(8절). 세상은 성도의 순교를 보며 손가락질을 하고 즐거워하겠지만 하나님은 성도를 일으키셔서 세상을 두렵게 하십니다. 그때 일곱 번째 나팔이 불리고 세상 나라가 그리스도의 나라로 변합니다. 본문은 교회가 어떤 마음으로 세상을 살아야 하는지를 가르칩니다. 교회와 세상은 근본적으로 다릅니다. 세상은 교회를 이상히 여기고 은근히 박해하며 대놓고 조롱합니다. 자신들의 권세를 자랑하고 교회를 이겼다고 뻐깁니다. 그러나 최종적인 승리를 거두는 편은 교회입니다. 마지막 날에는 세상 나라가 사라지고 그리스도의 나라가 세워지기 때문입니다. 그러므로 교회는 세상의 정신과 타협하지 말고 그리스도의 교훈대로 살아야 합니다.

6월 June 10

신명기15장 • 시편102편 • 이사야42장 • 요한계시록12장

신명기 15장은 이웃 사랑을 가르치는 교훈입니다. 앞 장에서 하나님 사랑과 이웃 사랑을 구체적으로 교훈했던 모세는 계속해서 이웃 사랑을 어떻게 해야 하는지를 가르칩니다. 안식년에는 빚을 면제해 주어야 합니다. 가난한 사람을 도와야 합니다. 또한 안식년에는 종에게 자유를 주어야 합니다. 당시 문화에 비추어 보면 매우 파격적인 규례입니다. 하나님의 자비와 긍휼이 반영된 법입니다. 가나안을 비롯한 고대 근동의 문화는 잔인하고 이기적이며 파괴적이었습니다. 하나님께서 가나안을 치시고자 하는 이유도 그들의 악행이 가득 찼기 때문입니다. 모세는 가나안의 탐욕스러운 문화를 본받지 말고 하나님의 자비로운 마음을 본받을 것을 교훈하고 있습니다. 오늘날에도 마찬가지입니다. 우리가 사는 시대의 문화는 매우 이기적입니다. 탐욕이 권장됩니다. 그리스도인은 이런 문화에 저항하고 자비로운 문화를 창조해야 합니다. 자기 것만 챙기며 살지 말고 주변을 돌아보며 삽시다. 하나님의 돌보심을 받은 자는 마땅히 이웃을 돌봐야 합니다.

시편 102편은 상한 마음으로 하나님께 드리는 기도입니다. 기도자는 큰 근심에 빠져 있습니다. 자기의 날이 연기같이 소멸하고 뼈가 숯같이 탔다고 표현할 정도입니다. 음식도 먹지 못하고 매일 눈물만 흘린다고 고백합니다. 그는 지금 마음과 삶 전부가 가난해져 있습니다. 도움이 필요한 상황입니다. 기도자가 의지할 수 있는 분은 하나님밖에 없습니다. "여호와께서 빈궁한 자의 기도를 돌아보시며 그들의 기도를 멸시하지 아니하셨도다"(17절). 자비로우신 하나님은 탄식하는 자의 기도 소리를 들으십니다. 아픈 자의 소리를 듣고 굽어 살피십니다. 하나님의 은혜만이 우리의 소망입니다.

이사야 42장은 세상을 구원하시기 위해 하나님께서 보내시는 종에 관한 이야기입니다. 하나님을 대적하여 심판받을 수밖에 없는 세상을 위하여 하나님은 한 종을 택하십니다. 그는 상한 갈대를 꺾지 아니하며 꺼져 가는 등불을 끄지 아니하고 진실로 정의를 시행하는 종입니다. 그는 눈먼 자들의 눈을 밝히고 갇힌 자를 감옥에서 이끌어 내며 흑암에 앉은 자를 감방에서 나오게 할 것입니다. 안타깝게도 어리석은 백성들은 그를 통해 베푸시는 하나님의 구원을 깨닫지 못할 것입니다. "네가 많은 것을 볼지라도 유의하지 아니하며 귀가 열려 있을지라도 듣지 아니하는도다"(20절). 이 종은 예수 그리스도이십니다. 예수님은 실패한 자들을 실패로 몰아넣지 않으시고 오히려 승리로 나아오게 하십니다. 좌절과 낙심과 공허 속에 있는 자들을 새로운 희망으로 초대하십니다. 그럼에도 불구하고 눈이 감겨 있는 자들은 예수님을 알아보지 못할 것입니다. 들어야 합니다. 보아야 합니다. 예수 그리스도를 통하여 하나님의 큰 구원이 임할 것입니다.

요한계시록 12장은 하늘에서 일어난 사건 하나를 소개합니다. 여자가 아들을 낳습니다. 예수 그리스도입니다. 붉은 용이 이 아이를 삼키려고 합니다. 이 용은 사탄입니다. 땅에 떨어진 용은 끊임없이 여자를 괴롭히려고 합니다. 그러나 그 뜻을 이루지 못합니다. 대신에 여자의 후손들을 괴롭히고자 합니다. 그 여자의 남은 자손 곧 하나님의 계명을 지키며 예수님의 증거를 가진 자들은 교회를 뜻합니다. 본문은 인류의 역사를 영적 전쟁의 형태로 설명합니다. 인류가 타락한 이후 사탄은 자신의 주도권을 지키려고 갖은 애를 썼습니다. 그러나 진정한 주권자 예수 그리스도께서 오시면서 그의 노력은 물거품이 되었습니다. 그러자 사탄은 교회와 싸우기 시작합니다. 우리는 지금 사탄의 위협 속에 있다는 사실을 알아야 합니다. 사탄은 우리와 싸우려고 항상 대기 중입니다. 그러므로 우리도 사탄과 싸워야 합니다. 유혹과 시험을 말씀으로 이겨야 합니다. 예수님께서 그러하셨던 것처럼 말입니다.

신명기 16장은 절기를 지키라고 명합니다. 모세는 몇 가지 절기를 언급하면서 꼭 지킬 것을 요구합니다. 유월절은 하나님께서 이스라엘을 애굽에서 인도하여 내신 것을 기억하는 절기입니다. 칠칠절은 하나님께서 복을 주신 것을 감사하는 절기입니다. 초막절도 하나님의 돌보심을 생각하며 감사하는 절기입니다. 절기를 지키라는 것은 하나님을 기억하라는 뜻입니다. 하나님께서 이스라엘을 위하여 행하신 일을 기억해서 하나님께서 어떤 분이신지를 깨달으라는 것입니다. 그리고 하나님께 합당한 제물을 드리라고 명합니다. 절기 준수를 명한 후에 모세는 다시 한 번 우상 숭배를 금합니다. 하나님을 생각하는 것과 우상을 숭배하는 것은 반비례 관계에 있습니다. 하나님을 알면 알수록 우상과 멀어집니다. 반면에 하나님을 모르면 모를수록 우상과 가까워집니다. 그러므로 하나님을 알아야 합니다. 하나님의 존재, 하나님의 사역, 하나님의 성품, 하나님의 뜻을 알아야 합니다. 그 지식이 우리를 하나님 앞에서 온전한 성도가 되도록 이끌어 줄 것입니다.

시편 103편은 하나님을 아는 지식과 우리를 아는 지식의 관계를 잘 설명합니다. 다윗은 하나님의 이름과 그분의 은택을 송축하라고 노래합니다. 하나님은 죄악을 사하시고 병을 고치시며 생명을 파멸에서 속량해 주시기 때문입니다. 또한 하나님은 공의로운 일을 행하시고 억압당하는 자를 위하여 심판하십니다. 긍휼이 많으시고 은혜로우시며 노하기를 더디하시고 인자하심이 풍부하십니다. 그 하나님을 알면 우리는 우리 자신이 먼지와 같다는 것을 깨닫습니다. 인생이 풀과 같다는 것도 알게 됩니다. 그래서 더욱 하나님을 의지합니다. 하나님께서 아버지와 같이 우리를 긍휼히 여기신다는 사실을 믿고 그분께로 가까이 가게 됩니다. 하나님은 정말 찬양받기에 합당하십니다.

이사야 43장은 하나님과 이스라엘의 관계를 가르칩니다. 하나님은 이스라엘을 지으셨습니다. 그를 지명하여 부르셔서 하나님의 것으로 삼으셨습니다. 보배로운 존재, 존귀한 존재로 세우셨습니다. 왕이 되셔서 돌보시고 인도하셨습니다. 하나님은 이스라엘을 온 힘을 다하여 돌보셨습니다. 그러나 이스라엘은 하나님께서 행하신 일을 잊어버렸습니다. "그러나 야곱아 너는 나를 부르지 아니하였고 이스라엘아 너는 나를 괴롭게 여겼으며"(22절). 그럼에도 불구하고 하나님은 이스라엘의 죄를 잊어버리실 것이라고 약속합니다. 왜냐하면 이 백성은 하나님께서 당신의 영광을 위하여 지으셨기 때문입니다. 하나님을 바르게 압시다. 그리고 우리에 대해서도 바르게 압시다. 하나님은 우리의 창조자시요 왕이시요 아버지이십니다. 그러므로 우리는 하나님의 영광을 위하여 살아가야 합니다. 그것이 우리 인생의 목적입니다.

요한계시록 13장은 세상의 위협과 유혹에 관한 이야기입니다. 용이 짐승에게 권세를 줍니다. 용은 사탄이고 짐승은 힘이 있는 이 세상을 뜻합니다. 세상은 교회를 대적하고 박해하고 비방합니다. 성도를 어떻게 해서든지 꺾으려고 합니다. 그러므로 성도에게 요구되는 것은 인내와 믿음입니다. 아무리 큰 위협이 있어도 하나님을 믿는 믿음 안에서 담대히 견뎌야 합니다. 또 다른 짐승은 적그리스도입니다. 그는 어린양을 흉내 냅니다. 이적을 행하여 미혹합니다. 이와 같은 세상 속에서 성도에게 요구되는 것은 분별력과 지혜입니다. 세상은 성도의 믿음을 빼앗기 위해 계속해서 덤빕니다. 주로 두 가지 도구를 이용합니다. 위협과 유혹입니다. 강하게 위협해서 세상과 타협하게 만들거나 은근히 유혹해서 세상과 섞이게 합니다. 그런 상황에서 성도는 뱀같이 지혜롭고 비둘기같이 순결해야 합니다. 위협에는 지혜롭게, 유혹에는 순결하게 대처하시기 바랍니다.

6월 June 12

신명기17장 • 시편104편 • 이사야44장 • 요한계시록14장

신명기 17장은 모세의 계속된 교훈입니다. 모세는 이스라엘이 가나안에 들어가서 어떻게 살아야 하는지를 계속해서 가르칩니다. 가장 신경이 쓰이는 것은 역시 우상 숭배입니다. 다른 신들을 섬기는 사람을 발견하면 반드시 죽이라고 합니다. 또한 판결이 필요한 문제는 재판장이나 제사장을 찾아가라고 말합니다. 그들의 판결을 겸손히 받되 만약 받지 않으면 죽이라고 합니다. 질서를 강조하고 있는 것입니다. 혹 왕을 세우고자 할 때에는 몇 가지 지침을 꼭 지켜야 했습니다. 하나님께서 택하신 자를 세워야 하고 그 왕은 병마와 아내, 그리고 자신을 위한 재물을 많이 두지 말아야 합니다. 무엇보다 교만하지 말아야 합니다. 복잡한 듯 보이지만 사실 모세가 말하는 것은 간단합니다. 하나님을 왕으로 삼고 모든 것을 질서 있게 행하라는 것입니다. 교만해서 제멋대로 행하지 말고 하나님을 사랑하고 그분의 계명을 따라 살면 됩니다. 이 교훈은 현대를 살아가는 그리스도인에게도 적용됩니다.

시편 104편은 우주를 통치하시고 자연을 다스리시는 하나님을 노래합니다. 시인은 빛과 하늘과 물과 구름과 바람과 불꽃과 땅과 산을 비유하여 하나님의 주권을 찬양합니다. 또한 들짐승과 새와 가축을 먹이시고 마시게 하시는 하나님의 섭리를 찬양합니다. 아침과 밤을 운영하시고 숲과 바다의 수많은 생물들을 돌보시는 하나님의 은총도 찬양합니다. 때를 따라 먹을 것을 주시는 하나님의 사랑을 찬양하며 온 세상이 하나님의 영광을 반영한다고 합니다. 그러므로 사람이 할 일은 한 가지입니다. 그 하나님을 찬양하는 것입니다. 그 하나님께 영광을 드리는 것입니다. 세상 속에 찬란히 빛나는 하나님의 영광을 발견한 사람은 평생토록 하나님을 찬양하게 됩니다.

이사야 44장은 하나님 외에 다른 신이 없음을 강조합니다. 하나님은 창조주이십니다. 사람을 모태에서부터 만드셨습니다. 또한 하나님은 공급자이십니다. 사람에게 필요한 모든 것을 공급하여 주셨습니다. 하나님 이외에 다른 신은 없습니다. 오직 하나님만 사람의 반석이 되실 수 있습니다. 그러나 사람들은 창조주시요 공급자이신 하나님을 따르지 않고 스스로 만들어 낸 우상을 섬깁니다. 구원을 베풀 만한 힘이 없는 우상을 왜 따르는지 이해할 수 없지만 사람들은 이 무익한 일을 열심히 합니다. 하나님은 우상을 숭배하는 자들을 따르지 말고 당신에게로 돌아오라고 말씀하십니다. 하나님만 구원을 베푸실 수 있기 때문입니다. "너는 내게로 돌아오라 내가 너를 구속하였음이니라"(22절).

요한계시록 14장은 어린양을 찬양하는 성도들을 보여 줍니다. 어린양이 시온 산에 섰습니다. 예수 그리스도께서 왕으로 나타나셨다는 뜻입니다. 그 앞에서 택함 받은 자들이 새 노래를 부릅니다. 그때 첫째 천사는 심판을 두려워하며 창조주 하나님을 찬양하라고 외칩니다. 둘째 천사는 큰 성 바벨론이 무너졌다고 외칩니다. 셋째 천사는 세상의 유혹과 위협을 주의하라고 외칩니다. 그들이 이렇게 외치는 이유가 있습니다. "성도들의 인내가 여기 있나니 그들은 하나님의 계명과 예수에 대한 믿음을 지키는 자니라"(12절). 이 구도를 잘 기억해야 합니다. 세상은 여전히 성도들을 위협하고 유혹하는 중입니다. 그러나 세상은 끝내 멸망당하고 말 것입니다. 그리고 예수님께서 왕으로 이 땅에 오실 것입니다. 그러므로 성도는 이 세상의 위협과 유혹에서 끝까지 믿음을 지켜 내야 합니다. 하나님을 믿고 의지하며 찬양해야 합니다. 요한계시록은 이것을 가르치기 위해 기록된 책입니다.

신명기18장 • 시편105편 • 이사야45장 • 요한계시록15장

신명기 18장은 하나님께서 일으키실 선지자에 관한 약속입니다. 모세는 제사장과 레위 사람이 얻게 될 분깃을 가르칩니다. 그들은 백성들이 드리는 제물과 헌물에서 일정한 몫을 얻게 될 것입니다. 또한 모세는 무당을 경계합니다. 당시 고대 사회에서 유행하던 점치는 행위가 가증함을 분명히 합니다. 하나님의 말씀은 하나님께서 택하신 선지자를 통해 주어질 것입니다. 그러므로 백성들은 임의로 무당을 찾아가지 말고 하나님의 말씀을 가지고 온 선지자의 말에 귀를 기울여야 합니다. 본문에 나오는 선지자는 예수 그리스도를 가리킵니다. 예수님은 왕이시요 제사장이시요 선지자로 이 땅에 오셨습니다. 하나님께서 하실 말씀을 친히 이 땅에서 하셨습니다. 예수님이야말로 완전한 선지자가 되심으로 하나님의 교훈을 온전히 가르치셨습니다. 그러므로 오늘날의 성도는 예수님의 말씀 안에서 율법을 살펴야 합니다. 그럴 때에 율법주의자가 아니라 율법을 사랑하는 자가 될 수 있습니다.

시편 105편은 언약에 성실하신 하나님을 기억하라고 촉구합니다. 하나님은 언약을 맺으시는 분입니다. 아브라함, 이삭, 야곱 등에게 약속하신 가나안 땅을 그들의 후손들에게 주셨습니다. 이 언약을 성취하시기 위해 애굽에는 재앙을 보내셨고 광야에서는 기적을 일으키셨습니다. 하나님은 당신의 언약을 성실하게 지키셔서 백성들에게 복과 풍요를 주셨습니다. 그렇게 하신 이유는 다음과 같습니다. "이는 그들이 그의 율례를 지키고 그의 율법을 따르게 하려 하심이로다"(45절). 하나님은 복과 풍요를 가득 안겨 주셔서 백성들이 기쁨으로 하나님을 따르게 만드십니다. 율법을

지키는 것은 괴로운 것이 아니라 즐거운 것입니다.

이사야 45장은 고레스 왕을 통한 이스라엘 재건 계획을 말합니다. 하나님은 고레스 왕과 함께하시겠다고 선언하십니다. 그가 모든 나라를 점령하도록 돕겠다고 하십니다. 하나님밖에는 다른 신이 없다는 것을 알리시기 위해서입니다. 토기장이이신 하나님은 역사를 당신의 뜻대로 이끄십니다. 하나님은 역사를 조정해서 이스라엘을 구원하시는 분이기도 합니다. 본문은 하나님께만 힘과 능력과 계획이 있음을 설명합니다. 하나님은 자기 백성을 위하여 모든 무대를 만드십니다. 성도는 그저 하나님을 자랑하고 의지하며 순종하면 됩니다.

요한계시록 15장은 마지막 재앙이 시작되기 전 상황을 기록합니다. 죽음의 상징인 어두컴컴한 바다가 투명한 유리 바다가 되었습니다. 세상을 이긴 성도들은 그곳에서 하나님을 경배하는 찬양을 올립니다. 한편에서는 하나님의 진노가 가득 담긴 일곱 대접이 준비되고 있습니다. 이 환상은 다른 본문의 환상과 같이 미래를 보여 주며 현실을 격려하고 있습니다. 본문은 마지막 날에 믿음으로 승리한 성도들을 보여 주며 오늘의 성도들에게 힘을 북돋아 주고 있습니다. 또한 하나님의 진노가 지금도 계속되고 있음을 보여 주며 오늘의 성도들에게 위로를 전달합니다. 요한계시록은 단지 미래를 알려 주는 예언서가 아니고 미래를 통해 오늘을 믿음으로 살도록 하는 서신서입니다. 장차 올 영광을 바라보며 오늘 즐겁게 말씀에 순종합시다. 하나님께 충성을 바칩시다. 그날이 다가오고 있습니다.

6월 June 14

신명기19장 • 시편106편 • 이사야46장 • 요한계시록16장

신명기 19장은 도피성에 관한 교훈입니다. 모세는 하나님께서 도피성을 마련하라고 하신 명령을 백성들에게 다시 가르칩니다. 도피성은 사람을 실수로 죽인 사람을 위해 마련한 성입니다. 그러나 일부러 살인을 한 사람은 도피성으로 도망해도 보복자의 손에 넘겨야 합니다. 도피성은 하나님의 자비와 공의를 균형 있게 보여 주는 제도입니다. 하나님의 자비와 공의는 재판에 대한 규정에서도 잘 표현됩니다. 율법은 하나님의 성품을 반영합니다. 하나님은 공의로우십니다. 죄악을 허용하시지 않습니다. 동시에 하나님은 자비로우십니다. 죄 지은 자들을 구원하기 원하십니다. 우리는 하나님의 성품을 따라서 율법을 이해하고 해석하며 지켜야 합니다. 율법 속에 배어 있는 사랑의 정신을 발견하십시오. 그리고 사랑의 정신을 발휘하여 율법을 꼼꼼하게 지키십시오. 이것이 복음을 만난 사람의 율법 준수입니다.

시편 106편은 과거의 완악함과 하나님의 은혜를 비교합니다. 시인은 과거의 완악함을 추억합니다. 그 죄는 사실 과거 완료형이 아니라 현재 진행형입니다. "우리가 우리의 조상들처럼 범죄하여 사악을 행하며 악을 지었나이다"(6절). 광야에서의 범죄, 곧 고라 자손의 반역, 금송아지 사건, 바알브올에서의 음행, 므리바에서의 불신을 언급합니다. 가나안에서의 범죄도 말합니다. 우상 숭배의 죄를 얼마나 끈질기게 저질렀는지 정직하게 고백합니다. 그러나 하나님은 최악의 상황에서도 최고의 은혜를 베푸셨습니다. 언약을 기억하셔서 백성들의 부르짖음에 응답하셨습니다. 그들을 구원하시고 돌보시고 새롭게 하셨습니다. 하나님은 정말 좋으십니다. 하나님은 정말 은혜가 많으십니다. 그러므로 성도는 항상 하나님을 찾아야

합니다. 하나님께로 돌아서야 합니다. 하나님의 말씀에 순종해야 합니다. 하나님 편에 서면 항상 복을 얻기 때문입니다.

이사야 46장에서 우리는 하나님의 마음을 읽을 수 있습니다. 하나님은 우상과 다르십니다. 하나님은 마치 아기를 안고 돌보는 엄마처럼 당신의 백성을 안고 업고 기르십니다. 하나님은 세상의 그 어떤 신과도 비교가 되지 않을 만큼 자비롭고 능력이 많으십니다. 비록 지금은 징계 중에 있지만 하나님은 반드시 당신의 백성을 구원하실 것입니다. 당신의 백성은 하나님의 영광이기 때문입니다. "내가 나의 영광인 이스라엘을 위하여 구원을 시온에 베풀리라"(13절). 하나님은 정말로 좋으십니다. 우리를 향한 하나님의 마음을 알아야 합니다. 우리를 향한 마음이 충만하십니다. 하나님은 우리를 자녀와 같이 사랑하십니다. 하나님은 우리를 당신의 영광으로 삼으십니다. 이 얼마나 즐겁고 놀라운 마음입니까? 이 사랑의 초대에 응합시다. 이 놀라운 마음을 받읍시다. 하나님은 우리를 노년에 이르기까지 품어 주십니다.

요한계시록 16장은 일곱 대접의 심판입니다. 일곱 인, 일곱 나팔에 이어 마지막 심판입니다. 대접이 쏟아질 때마다 일어나는 재앙이 애굽을 향한 재앙과 다소 유사합니다. 그 의미도 유사합니다. 경고하시는 것입니다. 돌이켜서 하나님을 바라보라고 강하게 요청하시는 것입니다. "보라 내가 도둑같이 오리니 누구든지 깨어 자기 옷을 지켜 벌거벗고 다니지 아니하며 자기의 부끄러움을 보이지 아니하는 자는 복이 있도다"(15절). 그러나 사람들은 끝까지 회개하지 않습니다. 결국 일곱 번째 대접이 쏟아질 때 만국의 성이 무너집니다. 하나님은 성경으로, 역사로, 자연 만물로 끊임없이 말씀하십니다. 사랑의 초대에 응할 것을 말씀하십니다. 끝까지 반항하는 자는 심판을 받겠지만 끝까지 충성하는 자는 상을 얻습니다. 끝까지 충성합시다.

신명기 20장은 전쟁 수칙입니다. 모세는 가나안과의 전쟁을 어떻게 치러야 하는지 알려 줍니다. 첫째, 두려워하지 말아야 합니다. 그들이 아무리 수가 많고 강해도 하나님께서 함께하시면 반드시 승리하기 때문입니다. 둘째, 먼저 화평을 청해야 합니다. 하나님은 전쟁의 신이 아니라 평화의 신이십니다. 셋째, 화평을 거부하면 꼭 진멸해야 합니다. 그들의 신을 받아들여서 하나님께 범죄할 수 있기 때문입니다. 넷째, 과목은 건드리지 말아야 합니다. 먹을 것이 되어야 하기 때문입니다. 전쟁 수칙을 통해 우리는 하나님께서 어떤 분이신지를 배웁니다. 하나님은 강하십니다. 하나님께서 당신의 백성을 위하시면 해할 수 있는 자가 아무도 없습니다. 그러므로 성도는 담대해야 합니다. 또한 하나님은 평화를 좋아하시지만 죄와 섞여 가면서까지 평화를 추구하시지는 않습니다. 그러므로 성도는 분별력을 갖추고 때로는 온유하게, 때로는 단호하게 관계를 맺어야 합니다. 마지막으로 하나님은 일용할 양식을 허락하십니다. 현실을 무시하는 것이 믿음은 아닙니다.

시편 107편은 하나님께서 주권적 섭리로 당신의 백성을 돌보심을 알려 줍니다. 하나님은 광야 길로 인도하셨다가 다시 거주할 성읍으로 인도하십니다. 하나님은 광풍을 보내셨다가 다시 안전한 항구로 인도하십니다. 하나님은 강을 광야로, 샘을 마른 땅으로 만드셨다가 다시 광야를 강으로, 마른 땅을 샘으로 만드십니다. 하나님은 압박과 재난과 우환으로 가축의 수를 줄이셨다가 다시 복을 주셔서 크게 번성하게 하십니다. 하나님의 주권적 섭리는 우리의 머리로 온전히 이해할 수 없습니다. 그러나 본문은 하나님께서 우리를 돌보심을 분명히 합니다. "지혜 있는 자들은 이러한 일들을 지켜보고 여호와의 인자하심을 깨달으리로다"(43절). 이해가 되지 않는 현실도, 받아들이고 싶지 않은 현실도 하나님께서 주셨습니다. 그리고 그것은 하나님께서 우리를 돌보신다는 증거입니다. 믿음을 갖고 하나님을 의지합시다.

이사야 47장은 바벨론의 멸망을 예언합니다. 바벨론은 하나님께서 유다를 징계하시기 위한 도구에 불과했습니다. 그러나 바벨론은 자기의 위치를 망각하고 교만하게 굴었습니다. 지나친 폭력과 사치로 멸망당하기에 충분한 이유를 스스로 만들었습니다. 그 어떤 신도 바벨론을 멸망에서 구원할 수 없습니다. 하나님께서 그렇게 하시기로 작정하셨기 때문입니다.

요한계시록 17장도 바벨론의 멸망을 말합니다. 이사야 47장에서 멸망이 예고된 바벨론은 역사 속에 실재했던 국가입니다. 본문에 나오는 바벨론은 영적인 의미의 국가, 곧 세상을 뜻합니다. 본문은 역사 속 바벨론의 멸망을 비유하여 세상의 멸망을 설명하고 있습니다. 본문의 바벨론이 망하는 이유도 같습니다. 사치스럽고 잔인하기 때문입니다. 바벨론의 멸망을 다루는 본문들을 보면서 우리는 두 가지를 생각해야 합니다. 첫째는 이 세상의 모든 것이 하나님의 도구라는 것입니다. 세상의 영광과 명예와 권력은 하나님께서 일시적으로 주신 것에 불과합니다. 그것은 사라질 것이고 무너질 것입니다. 둘째는 세상을 실제로 다스리시는 분이 누구인지를 생각해야 합니다. 강대국의 대통령이나 다국적 기업의 회장이나 금융계의 큰손이 세상을 다스리는 것이 아닙니다. 오직 만주의 주시요 만왕의 왕이신 어린양이 세상의 주권자이십니다. 세상을 두려워하지 말고 세상과 화평하나 섞이지 말며 세상을 통해 필요를 얻되 세상에 소망을 두지 마시기 바랍니다. 하나님과 그의 어린양만이 우리의 구원이시요 소망이십니다.

6월 June 16

신명기 21장 • 시편 108-109편 • 이사야 48장 • 요한계시록 18장

신명기 21장은 다양한 규범을 기록합니다. 전반적으로는 생명과 인권의 존중 사상이 나옵니다. 신원을 알 수 없는 피살된 시체를 발견하면 가장 가까운 성읍에서 책임을 져야 합니다. 암송아지의 피로 땅을 정결하게 하고 자신들의 무죄함을 표시해야 합니다. 적군의 여자를 포로로 잡아 와서 아내로 맞으려면 예의를 갖추어야 합니다. 아내가 둘일 때 사랑의 여부와 상관없이 장자를 항상 장자답게 대우해야 합니다. 완악하고 패역한 아들은 반드시 징벌해야 하고 나무 위에서 사형당한 시체는 그날 장사해야 합니다. 이 규범들은 거룩한 땅, 거룩한 생명, 거룩한 인권이라고 표현할 수 있습니다. 하나님은 가나안에 들어간 이스라엘이 모든 것에 있어서 거룩하기를 원하십니다. 자기 멋대로 함부로 처리하지 말고 하나님의 뜻대로 하기를 원하십니다. 본능대로 살지 말고 말씀대로 삽시다. 하나님의 뜻대로 생명과 인권을 존중하며 삽시다.

시편 108편은 패배하고 있는 전쟁에서 승리를 간구하는 다윗의 기도입니다. "하나님이여 주께서 우리의 군대들과 함께 나아가지 아니하시나이다"(11절). 다윗은 주께서 사랑하시는 자들을 건지시기를 간절히 기도합니다. **시편 109편**은 악담과 고발 속에서 건져 주시길 바라는 다윗의 기도입니다. "그들이 악한 입과 거짓된 입을 열어 나를 치며 속이는 혀로 내게 말하며 또 미워하는 말로 나를 두르고 까닭 없이 나를 공격하였음이니이다"(2-3절). 다윗은 하나님께서 이들에게 제대로 보응해 주시기를 기도합니다. 이 기도들에는 마음이 상한 자의 심정이 잘 나타납니다. 패배감과 낙심과 억울한 감정 속에서 가난하고 궁핍한 마음을 갖게 된 사람은 하나님을 열심히 찾아야 합니다. 하나님은 의지하는 자에게 도움을 주시기 때문입니다.

이사야 48장은 하나님께서 새 일을 행하실 때 순종하라는 권면입니다. 하나님은 이스라엘의 완고함에도 불구하고 새 일을 행하시겠다고 약속합니다. 하나님의 이름을 위하여 이 일을 하시겠다고 합니다. 그 일은 바벨론을 망하게 하고 이스라엘을 다시 인도하시는 것입니다. 그때 이스라엘이 할 일은 다음과 같습니다. "너희는 바벨론에서 나와서 갈대아인을 피하고 즐거운 소리로 이를 하게 하여 들려주며 땅끝까지 반포하여 이르기를 여호와께서 그의 종 야곱을 구속하셨다 하라"(20절). 하나님은 사람을 근거로 일하시지 않습니다. 하나님은 당신의 뜻, 특히 당신의 언약을 따라 일하십니다. 그러므로 범죄하여 징계를 당하는 자들은 자기의 능력을 의지하지 말고 항상 하나님을 바라보아야 합니다. 하나님께서 행하시는 일을 보고 믿고 의지해야 합니다. 하나님은 의지하는 자에게 도움을 주십니다.

요한계시록 18장은 바벨론의 완전한 멸망을 묘사합니다. 바벨론으로 비유된 이 땅은 결국 망합니다. 우상 숭배와 음행과 사치가 원인입니다. 사람들이 자랑하던 것이 멸망의 원인이 된다는 것입니다. 바벨론에 속한 사람들은 그들이 추구하던 가치를 확고히 믿고 그리스도인을 이상히 여겼지만 결국 망하는 것은 그들이 될 것입니다. 성경은 일관되게 이 두 나라를 대조합니다. 하나님 나라와 세상 나라입니다. 세상 나라에는 유혹거리가 가득합니다. 현실적으로 세상 나라는 힘이 있고 권세가 있어 보입니다. 그래서 그것을 따라가지 않는 사람은 바보 같아 보입니다. 실제로 조롱을 받습니다. 그러나 하나님 나라에 속한 사람은 전혀 다른 가치관을 품고 삽니다. 그것이 세상의 가치관에 비해 초라해 보여도 장차 올 영광을 보며 하나님 나라에 합당하게 살아갑니다. 본문은 바벨론의 패망을 묘사하면서 그것을 분명하게 가르칩니다.

6월 June 17

신명기22장 • 시편110-111편 • 이사야49장 • 요한계시록19장

신명기 22장은 공동체적인 삶을 가르칩니다. 어떤 학자는 이 단락들을 이웃 사랑의 계명이 확대된 것으로 봅니다. 형제가 잃어버린 것을 보거든 못 본 체하지 말고 꼭 그것을 찾아 주어야 합니다. 새로운 집을 만들 때는 지붕에 난간을 만들어서 혹시라도 일어날 사건을 방지해야 합니다. 남녀 간의 순결을 잘 유지하고 간음하지 말아야 합니다. 본문에 나오는 다양한 규범을 통해 마을 공동체를 따뜻하고 순결하게 만들어야 합니다. 그리스도인의 신앙은 홀로 정진하는 것이 아닙니다. 관계 안에서 맺히는 열매입니다. 그런 의미에서 자비와 순결은 매우 중요합니다. 친절하고 자비로워야 합니다. 자기를 희생해서라도 이웃을 도와야 합니다. 동시에 자신의 순결과 이웃의 순결을 지켜야 합니다. 하나님은 이 두 가지를 가장 중요하게 보십니다.

시편 110편은 주의 권능의 날을 묘사합니다. 그날에는 새벽이슬 같은 주의 청년들이 주께 나올 것입니다. 무엇보다 왕의 오른쪽에 계신 주께서 뭇 나라를 심판하실 것입니다. 그날은 여호와의 날입니다. 예수 그리스도께서 왕이시요 재판장으로 오시는 날입니다. 주의 백성들은 영광을 얻고 대적자들은 심판을 받을 것입니다. 우리는 그날을 소망함으로 위로를 얻고 믿음을 굳게 해야 합니다. **시편 111편**은 여호와를 경외하라는 교훈을 전합니다. 하나님께서 행하신 일을 살펴보는 것은 정말 중요합니다. 그럴 때 하나님의 은혜와 자비와 진실과 정의와 성실을 깨달을 수 있기 때문입니다. 또한 그럴 때 하나님을 경외할 수 있기 때문입니다. 하나님을 경외함이 지혜의 근본입니다. 스스로 똑똑한 척하지 말고 마음속에 하나님을

향한 경외심을 회복하십시오. 그것이 정말 똑똑해지는 비결입니다.

이사야 49장은 종의 노래입니다. 본문에서 종은 예수 그리스도를 뜻합니다. 이 종은 야곱을 돌아오게 하시고 이스라엘을 모이게 하십니다. 하나님은 이 종에게 응답하여 백성들을 돌아오게 하십니다. 하나님은 이 종에 대해 다음과 같이 말씀하십니다. "은혜의 때에 내가 네게 응답하였고 구원의 날에 내가 너를 도왔도다 내가 장차 너를 보호하여 너를 백성의 언약으로 삼으며 나라를 일으켜 그들에게 그 황무하였던 땅을 기업으로 상속하게 하리라"(8절). 종으로 말미암아 시온이 회복됩니다. 황폐했던 성이 크게 번성합니다. 백성들이 돌아오고 적들이 제거됩니다. 본문은 이스라엘의 상황에 기대어 그리스도의 출현을 예고합니다. 하나님의 뜻을 완전히 실현하고 백성들을 인도할 종, 예수 그리스도를 말하고 있습니다. 예수님은 스스로 종이 되어 십자가에서 죽으셨습니다. 그로 말미암아 백성들을 구원하시고 그들의 주인이 되셨습니다. 종이 되어 주인이 되신 예수 그리스도를 믿읍시다. 시온의 찬란한 영광에 동참하게 될 것입니다.

요한계시록 19장은 어린양의 혼인 잔치에 청함을 받은 성도와 심판을 받는 세상을 대조합니다. 큰 성 바벨론은 심판을 받습니다. 반면에 성도들은 어린양의 혼인 잔치에 청함을 받습니다. 예수 그리스도를 믿고 그 안에 거했던 성도들은 마지막 날에 큰 영광을 얻게 됩니다. 어린양이신 예수 그리스도께서 베푸신 잔치에 참여하게 되는데, 심지어 주인공으로 참여하게 됩니다. 그 시간에 세상은 심판을 받습니다. 말씀의 검이 만국을 치고 우상 숭배자들을 칠 것입니다. 어린양으로 죽으신 예수 그리스도를 진지하게 믿으십시오. 이것은 종교의 문제가 아니라 생명의 문제입니다. 어린양의 혼인 잔치에 청함을 받을 때 기쁘게 응하시기를 바랍니다.

6월 June 18

신명기23장 • 시편112-113편 • 이사야50장 • 요한계시록20장

신명기 23장은 여러 가지 규정에 관해 말합니다. 여호와의 총회에 들어오지 못하는 자들에 관한 규정과 전쟁 중에 진영을 거룩하게 하는 규정, 남창과 창녀에 관한 규정, 이자에 관한 규정, 서원에 관한 규정, 그리고 이웃의 포도원과 곡식밭에 들어갈 때의 규정 등입니다. 주목할 것은 여호와의 총회에 들어오지 못하는 자들에 관한 규정입니다. 고환이 상한 자, 음경이 잘린 자, 사생자, 암몬과 모압 사람 등입니다. 여호와의 총회를 거룩하게 유지하기 위한 규정입니다. 그러나 예수 그리스도께서 오신 후에는 이와 같이 흠과 결이 있는 자들도 모두 하나님의 권속이 될 수 있습니다. 예수 그리스도께서 우리의 거룩이 되시기 때문입니다. 그러므로 그리스도를 믿고 그 안에 거하는 자들은 누구든지 하나님의 가족입니다.

시편 112편은 복 있는 사람의 특징을 설명합니다. 하나님을 경외하고 그의 계명을 즐거워하는 자는 복이 있습니다. 정직하고 은혜를 베풀며 꾸어 주는 자에게도 복이 있습니다. 하나님께서 그들을 높이시기 때문입니다. **시편 113편**은 낮은 자리에 있는 자를 높이시는 하나님을 찬양합니다. 하나님은 높은 곳에 있지 아니하시고 스스로를 낮추십니다. 가난한 자를 먼지 더미에서 일으키시고 궁핍한 자를 거름 더미에서 들어 세우십니다. 임신하지 못하던 여자를 어머니가 되게 하십니다. 하나님은 우리에게 복을 베푸시기 위해 우리 자리로 찾아오시는 분입니다. 그분이 바로 예수 그리스도이십니다. 예수님으로 말미암아 상하고 약하며 결핍된 인생들이 복을 얻습니다.

이사야 50장은 하나님을 의지하라는 촉구입니다. 이스라엘은 스스로 죄를 지어 고통을 얻었습니다. 반면에 종은 철저히 하나님을 의지합니다. 하나님께 의지할 때 그분께서 도우심을 확신합니다. "보라 주 여호와께서 나를 도우시리니 나를 정죄할 자 누구냐"(9절). 하나님은 이스라엘에게 종의 목소리를 청종하여 당신을 의지하라고 촉구하십니다. 예수 그리스도는 우리의 구원자시요 모범이십니다. 예수님은 이 땅에 계실 때 하나님을 오롯이 의지하셨습니다. 매일 한적한 곳을 찾아 기도하셨고 온 율법에 순종하셨습니다. 완전한 의인의 모범을 보이셨다는 것입니다. 그러므로 성도는 그리스도를 본받아야 합니다. 그리스도를 따라 하나님을 믿고 의지해야 합니다.

요한계시록 20장은 천년 왕국을 말합니다. 성도들이 그리스도와 함께 천 년 동안 왕 노릇 한다는 이 말씀은 여러 이론을 만들어 냈습니다. 전천년설, 후천년설, 무천년설 등입니다. 무엇이 옳은지는 그날이 와 봐야 알겠지만 한 가지는 확실합니다. 성도는 그리스도와 더불어 왕 노릇 한다는 것입니다. 반면 사탄은 영원히 심판을 당하게 될 것입니다. 예수님을 믿는다는 것이 얼마나 좋은 일입니까? 예수님은 우리의 거룩이 되시고 복이 되시며 모범이 되시고 왕이 되십니다. 우리는 예수님 덕분에 거룩을 얻고 복을 받으며 모범을 따르고 왕 노릇 할 수 있습니다. 예수 그리스도를 더욱 사랑합시다.

신명기 24장은 다양한 생활 규정을 기록합니다. 이혼에 관한 규정, 납치에 관한 규정, 나병에 관한 규정, 전당물에 관한 규정, 곡식과 과일을 밭에 남겨 두는 규정 등입니다. 이 규정들을 통해 우리는 하나님께서 당신 백성의 생활에 깊은 관심을 가지고 계심을 발견합니다. 하나님은 모든 것이 질서 있게 이루어지기를 바라셨습니다. 또한 자비롭고 합리적이기를 원하셨습니다. 본문의 생활 규정을 오늘날 동일하게 적용할 수는 없겠지만 하나님의 마음과 그 규정의 정신은 받아들일 수 있습니다. 예컨대 나그네와 고아와 과부를 위하여 곡식과 과일을 남겨 두라는 규정은 지금의 상황에 맞게 적용하여 실천할 수 있습니다.

시편 114편은 출애굽을 다시 한 번 상기합니다. 홍해와 요단을 건너게 하신 일, 반석을 쳐서 물을 내신 일은 하나님을 향한 믿음과 감사를 불러일으킵니다. **시편 115편**은 경외하는 자들에게 복을 주시는 하나님을 찬양합니다. 하나님은 우상이 아니십니다. 우상은 아무것도 하지 못합니다. 그러나 하나님은 원하시는 모든 것을 행하십니다. 그러므로 우리는 하나님을 의지해야 합니다. 하나님은 우리의 도움이시요 방패이십니다. 만약 우리가 하나님을 경외하면 하나님은 우리에게 복을 주실 것입니다. 하나님께서 복을 주시기를 간구하는 것은 성도의 당연한 의무입니다. 성도는 천지를 지으신 하나님께 복을 받는 자이기 때문입니다.

이사야 51장은 백성들에게 믿음을 촉구합니다. 의를 따르며 하나님을 찾는 자는 믿음을 가져야 합니다. 아브라함이나 사라가 그랬던 것처럼 말입니다. 하나님은 반드시 복을 주시고 위로하시며 즐겁게 하십니다. 하나님의 말씀에 귀를 기울여 보십시오. 하나님은 공의를 실천하시는 분으로 구원과 심판을 행하십니다. 그러므로 성도는 믿고 기다려야 합니다. 종종 찾아오는 악인의 비방을 두려워해서는 안 됩니다. 하나님은 백성들에게 즐거움과 기쁨을 주시고 그들에게서 슬픔과 탄식을 거두실 것입니다. 하나님을 믿으십시오. 그리고 하나님께 의지하십시오. 하나님의 구원이 확실한 것처럼 하나님의 심판도 확실합니다. 하나님 안에서 의롭게 사십시오.

요한계시록 21장은 새 예루살렘을 묘사합니다. 바벨론이 멸망하고 악인과 사탄이 심판을 받은 후에는 새 하늘과 새 땅이 이 땅에 열릴 것입니다. 하늘에서 거룩한 성 새 예루살렘이 내려올 것입니다. 그곳에는 눈물이 없고 사망이 없고 아픔이 없을 것입니다. 하나님의 영광이 있을 것이고 밤이 없을 것입니다. 새 예루살렘에 대한 소망은 이 땅의 삶을 강화합니다. 우리는 새 예루살렘을 소망하면서 이 땅의 고통을 견딥니다. 또한 새 예루살렘을 소망하면서 이 땅에서 빛과 같이 행합니다. 새 예루살렘을 정말로 소망하는 사람은 삶이 분명히 달라집니다. 소망합시다. 그 찬란하고 복된 나라를.

6월 June 20

신명기25장 • 시편116편 • 이사야52장 • 요한계시록22장

신명기 25장은 공평함에 관한 교훈을 많이 말합니다. 재판장은 의인은 의롭다 하고 악인은 정죄해야 합니다. 악인에게는 적당한 형벌을 내려야 합니다. 아들이 없이 죽은 남자가 있으면 그의 형제는 그의 아내를 취하여 아들을 낳게 해 주어야 합니다. 형제의 이름이 끊어지지 않도록 하기 위해서입니다. 큰 되로 받고 작은 되로 되돌려 주는 상술을 쓰지 말아야 합니다. 항상 공평한 저울추를 사용해야 합니다. 마지막으로 아말렉을 잊지 말고 반드시 제거하라고 명령하십니다. 마찬가지로 오늘날 똑같이 적용할 수는 없는 규정들입니다. 다만 그 정신을 잘 이해하고 해석하여 적용하면 됩니다. 예컨대 큰 되로 받고 작은 되로 되돌려 주지 말라는 규정은 오늘날 장사를 하는 사람에게 적용될 수 있습니다. 사람을 속여서 이득을 얻는 것은 하나님께서 기뻐하시지 않습니다.

시편 116편은 죽을 위기에서 건져 주신 하나님을 노래합니다. 시인은 자신이 큰 위기에 처했었다고 말합니다. "사망의 줄이 나를 두르고 스올의 고통이 내게 이르므로 내가 환난과 슬픔을 만났을 때에"(3절). 그때에 그는 기도하였습니다. 그리고 은혜로우시며 의로우시며 긍휼이 많으신 하나님의 도움을 얻습니다. 이제 시인은 하나님께 어떻게 보답할 것인지를 고민합니다. 그리고 모든 사람들 앞에서 감사함으로 서원제를 드립니다. 하나님은 기도하는 자를 도우시고 도우심을 받은 자는 하나님께 감사하는 삶을 드립니다. 이것이 성도의 올바른 신앙생활입니다.

이사야 52장은 하나님의 구원이 가까이 왔다고 말합니다. 하나님은

다음과 같이 말씀하십니다. "너희가 값없이 팔렸으니 돈 없이 속량되리라"(3절). 하나님의 구원이 가까이 왔다는 소식을 누군가가 전합니다. 이 소식을 가장 먼저 들은 파수꾼들이 화답합니다. 본문은 복되고 아름다운 소식이 임박했음을 알려 주고 있습니다. 특히 후반부가 중요합니다. 하나님은 종이 그 일을 해냈다고 말씀하십니다. "보라 내 종이 형통하리니 받들어 높이 들려서 지극히 존귀하게 되리라"(13절). 이 종은 계속해서 말한 것처럼 예수 그리스도이십니다. 14절은 예수 그리스도께서 고난을 받으시는 모습을 묘사합니다. 그로 말미암아 하나님의 백성들에게 구원의 아름다운 소식이 전달되었으니 예수님이야말로 진정으로 찬양받기에 합당하십니다. 예수님께 감사합시다. 그리고 예수님을 위해 헌신합시다.

요한계시록 22장은 예수님께서 다시 오실 것을 예언합니다. 새 예루살렘 성에는 생명수가 흘러서 만국을 치료하는 나무의 잎사귀들이 열립니다. 예수 그리스도의 복음을 의미합니다. 이제 예언이 마무리됩니다. 예수님은 요한에게 속히 오시겠다고 약속하십니다. 그러니 듣는 자도 오고 목마른 자도 와서 생명수를 마시라고 합니다. 예수님은 다시 오실 것입니다. 그것도 속히 다시 오실 것입니다. 예수님께서 오시면 신자에게는 영광이, 불신자에게는 심판이 임할 것입니다. 그러므로 이 예언의 말씀을 듣는 자는 옷깃을 여미고 이 문제 앞에 진지하게 서야 합니다. 믿음으로 이 말씀을 받아야 합니다. 그것도 속히 그렇게 해야 합니다. 예수님은 금방 다시 오실 것입니다. 착하고 충성된 종이 되어 삽시다.

6월 June 21

신명기26장 • 시편117-118편 • 이사야53장 • 마태복음1장

신명기 26장은 곡식과 관련한 규정입니다. 이스라엘에게 곡식과 관련한 규정은 매우 새로운 것입니다. 그들은 대대로 목축업자였기 때문입니다. 이제 가나안에 들어가면 농사를 지어야 하는데, 모세가 미리 그 규정을 말해 주고 있는 것입니다. 토지소산의 첫 곡식은 모두 성소로 가지고 와야 했습니다. 그것을 통해 하나님께서 자신들을 이 땅으로 인도하셨음을 기억하기 위해서입니다. 셋째 해 십일조는 나그네와 고아와 과부에게 주어야 합니다. 가난한 자들을 돌보는 것은 백성들의 의무였습니다. 우리의 헌금 생활과 연결할 수 있습니다. 신약 시대에 십일조는 강제 규정이 아닙니다. 그러나 여전히 헌금의 표준으로 유효합니다. 성도는 십일조를 통해 하나님께서 우리를 위하여 행하시는 일을 기억할 수 있습니다. 또한 적절한 금액을 이웃을 위해 사용하는 것도 본문을 잘 적용한 것이라 할 수 있습니다. 신앙과 돈의 관계를 깊이 묵상해 보십시오.

시편 117편과 시편 118편은 하나님의 도우심을 찬양합니다. 시인은 하나님께서 자신의 편이심을 말합니다. 그래서 사람이 두렵지 않다고 합니다. 하나님만 내 편이시면 고관대작들을 의지할 필요도 없습니다. 시인은 실제 그 일이 일어났다고 말합니다. "너는 나를 밀쳐 넘어뜨리려 하였으나 여호와께서는 나를 도우셨도다"(118:13). 이제 시인에게 남은 것은 하나님께 감사하고 하나님을 찬양하는 일입니다. "여호와께 감사하라 그는 선하시며 그의 인자하심이 영원함이로다"(118:29). 하나님의 도우심을 맛본 자는 그것을 잊지 말고 항상 감사를 표해야 합니다. 그것이 마땅한 태도입니다.

이사야 53장은 고난 받는 종의 모습을 묘사합니다. 하나님의 구원을 이루는 이 종은 고운 모양도 없고 풍채도 없고 흠모할 만한 외모도 없습니다. 오히려 그는 멸시를 받고 버림을 받고 고난을 많이 겪습니다. 그런데 그 멸시와 버림과 고난은 원래 우리의 것이었습니다. "그는 실로 우리의 질고를 지고 우리의 슬픔을 당하였거늘 우리는 생각하기를 그는 징벌을 받아 하나님께 맞으며 고난을 당한다 하였노라 그가 찔림은 우리의 허물 때문이요 그가 상함은 우리의 죄악 때문이라 그가 징계를 받으므로 우리는 평화를 누리고 그가 채찍에 맞으므로 우리는 나음을 받았도다"(4-5절). 그는 잠잠히 끌려가서 죽임을 당한 양과 같습니다. 하나님께서 그에게 우리 모두의 죄악을 담당시키셔서 죽임을 당하게 하셨기 때문입니다. 그는 예수 그리스도이십니다.

마태복음 1장에는 예수님의 족보가 나옵니다. 예수님의 족보를 통해 우리는 하나님께서 행하신 일들의 의미를 찾습니다. 구약의 그 수많은 사건들은 결국 그리스도를 우리에게 주시기 위한 하나님의 사역이었던 것입니다. 그리스도께서 자기 백성을 구원하실 자로 이 땅에 오셨습니다. 이 복되고 아름다운 소식을 들은 자마다 외면하지 말고 기쁨으로 참여하십시오. 아브라함과 이삭과 야곱과 보아스와 다윗과 솔로몬 등이 누렸던 영광과 복을 맛볼 수 있을 것입니다.

6월 June 22

신명기27:1-28:18 • 시편119:1-24 • 이사야54장 • 마태복음2장

신명기 27장과 **신명기 28장**은 복과 저주에 관한 이야기를 전합니다. 모세는 다시 한 번 율법 준수를 강조합니다. 이것을 더욱 확실하게 설명하기 위해 시청각 교육을 시도합니다. 열두 지파를 두 갈래로 나누어서 한편은 에발 산에 세우고 다른 한편은 그리심 산에 세웁니다. 그리고 에발 산을 향해서는 저주를, 그리심 산을 향해서는 복을 선언합니다. 그 기준은 율법 준수입니다. 오늘날에는 율법 준수가 복과 저주를 나누는 기준이 아닙니다. 예수님께서 이미 모든 율법을 준수하셨기 때문에 그분을 믿는 자들은 누구나 복을 얻습니다. 그러므로 율법 준수 자체는 복과 저주를 나눌 수 없습니다. 그럼에도 불구하고 우리는 율법을 지켜야 합니다. 저주를 두려워하여 지키거나 복을 얻으려고 지키는 것이 아니라 감사함으로 지키는 것입니다. 하나님의 뜻대로 살아가고 인생의 지혜를 얻기 위해 지금도 우리는 율법을 지킬 필요가 있습니다.

시편 119편 1-24절은 율법을 사랑하는 사람의 마음을 보여 줍니다. 시편 119편은 히브리어 알파벳 22개를 첫 문자로 사용한 여덟 개의 시입니다. 그래서 총 176절로 구성됩니다. 율법의 완전함을 노래하기 위한 기법입니다. 본문은 율법을 지키는 것이 얼마나 즐겁고 복된지를 교훈합니다. 그래서 시인은 율법을 지킬 수 있도록 도와 달라고 간구합니다. "내 길을 굳게 정하사 주의 율례를 지키게 하소서"(5절). 말씀은 복입니다. 우리의 생명을 좌우한다는 측면에서의 복이 아니라 우리의 삶을 풍성하게 한다는 측면에서의 복입니다. 즉, 말씀은 우리의 삶을 바르게 지도하고 질서 있게 구성하며 은혜롭게 다듬어 갑니다. 그래서 말씀을 읽고 지키는 자는 훨씬

더 복되게 삽니다. 지금도 우리는 율법을 사랑하고 지킬 필요가 있습니다.

이사야 54장은 버림받은 아내가 영광을 얻는 비유를 사용하여 버림받은 예루살렘이 영광을 얻는다고 선언합니다. 출산하지 못한 아내가 고통에 시달립니다. 그때 하나님께서 그를 도우십니다. 하나님께서 친히 남편이 되시고 구속자가 되셔서 그의 수치를 제거해 주십니다. 마치 그런 것처럼, 고통당하는 예루살렘도 회복이 될 것입니다. 무너졌던 예루살렘 성벽이 화려하게 복구될 것입니다. 자녀들은 교훈을 받아 평안을 누릴 것이고 성 안에는 공의가 바로 세워질 것입니다. 하나님께서 '곤고하고 광풍에 요동하여 안위를 받지 못한 자' 곧 예루살렘을 새롭게 하실 것입니다.

마태복음 2장은 예수님의 가족이 헤롯의 핍박을 피해 애굽으로 도망가는 장면입니다. 당시 예루살렘은 헤롯 왕과 종교 권력자들이 다스리고 있었습니다. 그들이 다스리는 예루살렘에는 생명과 기쁨이 없었습니다. 백성들은 세금과 율법이라는 무거운 짐을 진 채 고통당하고 있었습니다. 그때 유대인의 진정한 왕이 나셨습니다. 예수 그리스도이십니다. 동방에서 온 박사들을 통해 그 사실을 알게 된 헤롯은 베들레헴과 그 지경 안에 있는 사내아이를 두 살부터 그 아래로 다 죽였습니다. 생명이 아니라 죽음을 선사한 헤롯 왕은 가짜 왕입니다. 반면에 예수님은 구약의 예언을 성취해 가십니다. 구약의 선지자들은 하나님께서 당신의 백성을 구원하시기 위해 한 왕을 보내신다고 예언하였습니다. 이제 곧 죽음과 슬픔과 고통은 사라질 것이고 생명과 기쁨과 즐거움이 찾아올 것입니다. 하나님 편에서 마련한 구원의 소식이 도착한 것입니다. 이 소식을 듣고 믿는 자마다 복이 있습니다.

6월 June 23

신명기28:20-68 • 시편119:25-48 • 이사야55장 • 마태복음3장

신명기 28장 20-68절은 불순종할 때 찾아오는 저주를 말합니다. 모세는 가나안에 들어가는 이 백성들이 불안했습니다. 광야 1세대가 보였던 그 목이 곧은 행태를 왠지 2세대도 할 것 같았습니다. 그래서 굉장히 길게 불순종의 대가를 설명합니다. 온갖 병이 돌 것이고 전쟁에서는 패할 것이며 가난해질 것입니다. 이방인의 포로가 될 것이고 아내와 자녀를 빼앗길 것이며 나라를 빼앗기고 떠돌아다닐 것입니다. 본문은 두 가지를 교훈합니다. 첫째, 하나님께서 불순종을 얼마나 싫어하시는지를 가르칩니다. 본문을 읽으면서 하나님을 무서워하기보다 우리의 반역적인 성품을 두려워해야 합니다. 하나님께서 그토록 싫어하시는 성품이 우리 본성에 달라붙어 있다는 것은 참으로 두려운 일입니다. 둘째, 그리스도 안에서 주어진 완전한 의로움을 사랑해야 합니다. 그리스도께서 순종하심으로 우리가 이 불순종의 저주로부터 벗어났기 때문입니다. 얼마나 감사한 일입니까? 그리스도로 말미암아 우리가 얻게 된 구원을 묵상합시다.

시편 119편 25-48절은 말씀을 통해 주어지는 복과 그것을 사랑하는 시인의 마음을 설명합니다. 시인은 율법이 자기를 지도하기를 간절히 원합니다. 특히 하나님께서 말씀을 깨닫게 하시기를 간청합니다. "나로 하여금 깨닫게 하여 주소서 내가 주의 법을 준행하며 전심으로 지키리이다"(34절). 말씀을 깨달을 때 올바로 순종할 수 있기 때문입니다. 본문을 통해 우리는 율법주의와 율법을 사랑하는 것의 차이를 볼 수 있습니다. 율법주의는 저주를 피하기 위한 용도로 율법을 대합니다. 그래서 율법주의자들은 대개 두려움에 사로잡혀 있습니다. 반면 율법을 사랑하는 사람은 율법 그 자체가 가지고 있는 생명과 능력에 사로잡혀 있습니다. 시인은 율법이 자

기를 살림을 계속해서 강조합니다. 율법을 지키는 자기 자신의 능력에 주목하는 것이 아니라 율법 그 자체가 가지고 있는 복된 속성을 주목하고 있습니다. 율법을 사랑합시다. 주야로 묵상하고 힘써 지킵시다. 율법이 가지고 있는 그 복된 속성을 체험할 수 있을 것입니다.

이사야 55장은 하나님의 초청입니다. 앞 장에서 하나님은 고통당하는 아내가 회복되는 것처럼 고통당하는 예루살렘도 회복될 것을 약속하셨습니다. 이 모든 것은 하나님 편에서 전달된 소식입니다. 그러므로 이제 백성들이 할 일은 한 가지밖에 없습니다. 하나님의 초청에 응하는 것입니다. "너희 모든 목마른 자들아 물로 나아오라 돈 없는 자도 오라 너희는 와서 사 먹되 돈 없이, 값없이 와서 포도주와 젖을 사라"(1절). 하나님께서 모든 것을 마련해 놓으셨습니다. 심지어 그것은 공짜입니다. 와서 먹고 마시기만 하면 됩니다. 회개하고 돌이켜서 하나님을 찾으면 그분은 너그럽게 용서해 주십니다. 여호와를 만날 때에 그분을 찾으십시오. 가까이 계실 때에 그를 부르십시오. 새로운 일이 시작될 것입니다.

마태복음 3장은 세례 요한에게 세례를 받으시는 예수님을 기록합니다. 이스라엘 역사에 새로운 일이 시작됩니다. 마지막 선지자 세례 요한이 등장해서 회개를 외칩니다. 수많은 사람들이 요단 강에 와서 물세례를 받습니다. 이것은 회개를 위한 세례입니다. 세례 요한은 잠시 뒤에 성령과 불로 세례를 베푸시는 이가 나타날 것이라고 하는데, 이 세례는 구원과 심판을 뜻합니다. 그리고 예수님께서 등장하십니다. 예수님께서 세례를 받으실 때 성령과 성부께서 그 자리에 찾아오십니다. 본문은 예수님께서 사역을 준비하시는 장면입니다. 이것은 구약이 끝나고 신약이 시작된다는 의미이기도 합니다. 하나님 편에서 마련해 놓으신 새로운 일이 시작된 것입니다. 주목하십시오. 이제부터 우리는 이사야 선지자를 통해 예언된 고난받는 종의 사역을 보게 될 것입니다.

6월 June 24

신명기29장 • 시편119:49–72 • 이사야56장 • 마태복음4장

신명기 29장은 언약을 갱신하는 장면입니다. 가나안에 들어갈 광야 2세대는 대부분 호렙 산에서의 언약에 참여하지 못한 사람들입니다. 모세는 그들에게 호렙 산의 언약을 기억하라고 요구합니다. 그는 다시 한 번 광야 생활을 언급하며 언약에 대한 성실도가 어떤 결과를 가져오는지 설명합니다. 그러므로 모든 세대가 성실하게 언약에 참여하라고 명합니다. 언약에 불성실할 때 일어날 일을 경고하고 율법의 모든 말씀을 행하라고 합니다. 언약 안에 굳건히 서야 합니다. 우리는 하나님의 언약 백성입니다. 구약에서는 짐승의 피가 이 언약을 보증하였지만 우리 시대에는 그리스도의 피가 이 언약을 보증합니다. 이 언약은 우리의 성실함도 요구하지만 무엇보다 하나님의 성실하심을 강조합니다. 하나님은 당신의 언약을 지키시기 위해 독생자까지 십자가에 내어 주셨습니다. 하나님은 우리와의 관계를 꼭 붙들고 계십니다. 우리가 할 일은 먼저 하나님께서 붙들고 계신 이 언약의 견고함을 믿는 것입니다. 그리고 하나님께서 우리에게 요구하시는 언약의 내용을 힘써 지키는 것입니다. 매주 드리는 예배가 언약의 갱신 의식이 되어 믿음과 삶 전부가 단단해지길 바랍니다.

시편 119편 49–72절은 말씀의 실질적인 유익을 말합니다. 말씀은 소망을 가지게 합니다. 말씀은 고난 중에 위로가 됩니다. 또한 말씀은 생명을 줍니다. 그렇기에 시인은 그 어떤 방해에도 말씀을 놓치지 않습니다. 교만한 자들이 거짓으로 치려 할 때도 하나님의 법을 끝까지 지킵니다. 주의 법이 즐겁기 때문입니다. 심지어 그는 고난이 유익하다고 합니다. 고난 덕분에 그릇 행하던 과거에서 돌이켜 주의 말씀을 지킬 수 있게 되었기 때문

입니다. 말씀을 지킵시다. 말씀을 따름으로 오는 고난 중에도 말씀을 지킵시다. 반드시 유익을 얻을 것입니다.

이사야 56장은 여호와께 연합한 사람에 관해 말합니다. 하나님 편에서 마련하신 구원이 시작되면 이방인이 여호와와 연합하게 됩니다. 또한 고자도 여호와와 연합하게 됩니다. 원래 이들은 여호와의 총회에 들어올 수 없었습니다. 그러나 하나님 편에서 마련하신 구원의 소식은 모든 사람들에게 열려 있습니다. 누구든지 그 소식을 듣고 응하는 자는 여호와의 총회에 들어올 수 있습니다. 반면에 교만한 자는 자격을 빼앗깁니다. 스스로 택함 받은 자라고 자부하던 이스라엘은 게으름과 쾌락과 무감각으로 말미암아 구원의 소식을 거부합니다. 그들에게는 구원의 소식이 심판이 되고 말 것입니다.

마태복음 4장은 천국 복음을 전파하시는 예수님을 말합니다. 마태복음은 유대인 공동체에게 주어진 복음서입니다. 그들에게는 여전히 선민의식이 있었고 이것은 참된 구원을 방해하는 요소였습니다. 마태는 구약을 활용하여 하나님 편에서 마련하신 구원의 소식, 곧 '예수 그리스도'를 믿는 것만이 구원을 얻는 유일한 방법임을 가르치고자 합니다. 본문은 구약 말씀을 통해 마귀의 시험을 이기시는 예수님을 기록합니다. 그 누구도 이기지 못했던 마귀를 예수님께서 이기셨습니다. 새로운 시대가 열린 것입니다. 마태는 예수님께서 가버나움에 사시는 것을 선지자 이사야의 예언이 성취된 것으로 말합니다. 예수님은 제자들을 부르시고 천국 복음을 전하십니다. 드디어 이 땅에 천국이 임하기 시작하였습니다. 모든 병과 모든 약한 것을 고치시는 예수님과 함께 복된 나라가 시작된 것입니다. 믿음의 눈이 열려 이 땅에 임한 그 영광의 현장을 볼 수 있기를 바랍니다.

6월 June 25

신명기30장 • 시편119:73-96 • 이사야57장 • 마태복음5장

신명기 30장은 최종적인 권면입니다. 모세는 불순종의 저주가 이스라엘 가운데 임할 것이라고 예언하였습니다. 하나님의 징계를 받아서 다른 나라로 쫓겨나게 될 때 꼭 이 말씀을 기억하라고 합니다. "마음을 다하고 뜻을 다하여 여호와의 말씀을 청종하면 네 하나님 여호와께서 마음을 돌이키시고 너를 긍휼히 여기사 포로에서 돌아오게 하시되"(2-3절). 그리고 이사야서에 나오는 말씀과 비슷한 말을 계속합니다. 무엇보다 모세는 이 율법의 말씀이 어려운 것이 아니라고 합니다. 명확하고 단순해서 행하기만 하면 된다고 합니다. 그러므로 복과 화가 앞에 있으니 하나님을 사랑하고 그분의 말씀을 청종하며 그분을 의지하라고 권합니다. 말씀을 사랑하고 지키는 것은 언약 백성의 특징입니다. 예수님은 '나를 사랑하는 자는 나의 계명을 지킨다'고 말씀하셨습니다(요 14:21). 순종이 구원의 조건은 아니지만 구원의 열매일 수는 있습니다. 오늘도 힘써 구원의 열매를 맺읍시다.

시편 119편 73-96절은 구원의 열매인 말씀 사랑을 열렬하게 표현합니다. "나의 영혼이 주의 구원을 사모하기에 피곤하오나 나는 주의 말씀을 바라나이다"(81절). 하나님을 사랑하는 사람은 하나님의 말씀을 사랑합니다. 시인은 '주의 법이 나의 즐거움'이라고 합니다. 반면 교만한 사람들은 말씀을 싫어합니다. 따르지 않습니다. 말씀을 사랑하는 자도 미워합니다. 말씀에 대한 사랑은 구원받은 사람의 커다란 특징입니다.

이사야 57장은 우상 숭배를 하는 이스라엘 백성과 그들을 고치시고 인도하시며 위로하시겠다는 하나님을 말합니다. 앞 장은 구원의 소식이 임

하면 이방인과 고자도 여호와의 총회에 들어올 수 있다고 말합니다. 그 와중에 이스라엘 백성들은 여전히 목이 뻣뻣한 상태로 있을 것이라고도 말합니다. 본문은 우상 숭배를 하는 그들을 정죄합니다. 무당의 자식, 간음자와 음녀의 자식이라고도 합니다. 상수리나무 아래에서 음욕을 행하고 골짜기에서 자녀를 도살하는 등 이방 종교에 흠뻑 빠져 버린 이스라엘을 고발합니다. 그들은 징계를 받는 중에도 자기 마음의 길로 걸어갔지만 긍휼이 많으신 하나님은 그들을 완전히 버리지 않으십니다. 그들을 다시 고치겠다고 선언하십니다. 하나님의 무한한 사랑을 보십시오. 하나님의 끝없는 인내를 보십시오. 하나님만이 우리의 소망입니다.

마태복음 5장에서는 천국의 윤리를 가르치시는 예수님을 볼 수 있습니다. 천국 복음을 전파하신 예수님은 천국이 어떤 곳인지를 설명하십니다. 천국에 들어갈 수 있는 사람은 심령이 가난한 자, 애통하는 자, 온유한 자, 의에 주리고 목마른 자, 긍휼히 여기는 자, 마음이 청결한 자, 화평하게 하는 자, 의를 위하여 박해를 받는 자 등입니다. 예수님께서 가르치시는 천국에 합당한 자는 삶에 열매가 있는 참된 믿음의 소유자입니다. 빛과 소금처럼 확실한 일을 해내는 사람입니다. 율법은 구원의 조건이 될 수 없지만 율법은 결코 폐기되지 않습니다. 예수님은 율법을 완성하시기 위해 오셨기 때문입니다. 그러므로 천국에 합당한 자는 율법을 지키는 행위만이 아니라 마음 안에 율법의 정신까지 담고 행해야 합니다. 원수까지 사랑하고 박해하는 자까지 품어야 합니다. 말씀을 사랑하고 지키는 것은 언약 백성의 중요한 특징입니다.

6월 June 26

신명기31장 • 시편119:97-120 • 이사야58장 • 마태복음6장

신명기 31장에는 여호수아를 차기 지도자로 세우는 장면이 나옵니다. 말씀을 전한 후에 모세는 여호수아가 자신의 뒤를 이을 것이라고 말합니다. 하나님께서 아모리 왕 시혼과 바산 왕 옥에게 행하신 것처럼 가나안 민족들에게도 동일하게 행하실 것이니 두려워하지 말라는 당부도 합니다. 그리고 지금까지 말한 율법을 기록하여 전하고 일곱 해마다 온 이스라엘이 들을 수 있도록 낭독하라고 명합니다. 놀라운 것은 그 다음입니다. 하나님은 이스라엘 백성이 가나안에서 우상 숭배의 죄를 지을 것이고 그에 따라 징계를 당할 것이라고 예언하십니다. 이사야서에서 경고하신 말씀이 이미 여기에서 주어진 것입니다. 하나님은 끊임없이 말씀하십니다. 인생에는 두 가지 길밖에 없습니다. 복의 길이 있고 저주의 길이 있습니다. 하나님 편에 서는 것은 복이고 반대편에 서는 것은 저주입니다. 오늘날 우리가 하나님 편에 서는 방법은 단순합니다. 예수님께서 주와 그리스도가 되심을 믿는 것입니다. 성령께서 참된 믿음을 주시기를 간청하십시오. 주신 믿음을 더욱 순결하고 굳게 해 주시기를 기도하십시오. 말씀을 사랑하는 마음을 주시고 깨닫게 해 주시기를 간구하십시오.

시편 119편 97-120절은 말씀을 사랑하는 시인의 마음을 잘 표현합니다. "내가 주의 법을 어찌 그리 사랑하는지요"(97절), "주의 말씀의 맛이 내게 어찌 그리 단지요 내 입에 꿀보다 더 다니이다"(103절). 말씀 사랑은 하나님을 사랑하는 사람의 특징입니다. 연인을 사랑하는 사람이 사랑하는 이의 이야기에 귀를 기울이는 것과 같은 이치이고 자녀를 사랑하는 부모가 자녀의 칭얼거림마저 기뻐하는 것과 같은 이치입니다. 하나님을 사랑

하는 사람은 그분의 말씀도 사랑합니다.

이사야 58장은 하나님께서 기뻐하시는 금식이 무엇인지를 가르칩니다. 하나님의 징계를 당하면서도 이스라엘 백성들 중 일부는 불평을 터뜨립니다. 힘써 금식을 하고 있음에도 하나님께서 전혀 알아주시지 않는다는 것입니다. 그러나 하나님은 이 금식이 위선에 불과하다고 말씀하십니다. 마음과 삶이 하나로 연결된 행위가 아니라는 것입니다. 금식은 우리가 어떤 존재인지를 가르칩니다. 죄와 욕망의 포로가 되어 있음을 깨닫게 합니다. 따라서 바르게 금식한 사람은 하나님께서 죄의 결박을 풀어 주신 것을 기뻐합니다. 그리고 결박된 자들을 돕습니다. 바른 금식은 우리의 처지와 하나님의 은혜, 그리고 이웃을 향한 사랑으로 이어집니다. 그러나 위선자들은 행위의 열심만 가지고 결과를 달라고 아우성을 칩니다. 하나님은 이와 같은 종교 행위를 받아 주지 않으십니다.

마태복음 6장은 위선을 맹렬히 비판합니다. 당시 유대 사회를 지배하던 신학은 바리새인의 교훈이었습니다. 바리새인은 모든 종교 활동을 '사람에게 보이려고' 했습니다. 하나님을 공경하는 마음에서 행한 것이 아니라 사람들에게 잘 보이려고 행한 것입니다. 특히 사람들에게 즉각적으로 칭찬받을 만한 구제와 금식 등을 자주 행하였습니다. 예수님은 이 위선적인 신앙을 경고하십니다. 한마음으로 하나님을 섬기라고 가르치십니다. 재물을 예로 들어 설명하십니다. 재물은 사람의 마음을 빼앗는 신입니다. 신자는 하나님께서 돌보심을 확고히 믿고 두 마음을 품어서는 안 됩니다. 먼저 그의 나라와 그의 의를 구하며 살아야 합니다. 하나님께서 모든 것을 더하여 주실 것입니다.

6월 June 27

신명기32장 • 시편119:121-144 • 이사야59장 • 마태복음7장

신명기 32장은 모세의 노래입니다. 하나님은 이스라엘이 가나안에 들어가면 우상 숭배를 하고 그에 따라 징계를 받을 것이라고 예언하셨습니다. 그리고 노래로 만들어서 그 증거를 삼으라고 하셨습니다. 이 노래에는 이스라엘의 과거와 미래의 역사가 모두 기록됩니다. 하나님께서 이스라엘을 만드시고 세우신 것, 광야에서 돌보시고 가나안에서도 돌보실 것, 이스라엘이 반역하고 심판을 받게 될 것, 하나님께서 이스라엘을 다시 회복시키실 것 등입니다. 하나님께서 이스라엘의 역사를 통해 목적하시는 바는 이것입니다. "나 외에는 신이 없도다"(39절). 하나님께서 성경과 인생을 통해 우리에게 가르치시고자 하는 바도 같습니다. 하나님 외에는 신이 없다는 것입니다. 그래서 하나님만 사랑하고 의지하며 따르도록 합시다. 모든 것을 들어 하나님을 알아 갑시다. 그것이 우리 인생의 목적입니다.

시편 119편 121-144절은 고통 중에도 말씀을 사랑하는 시인의 간구입니다. 박해하는 사람이 있습니다. 대적들이 있습니다. 멸시하는 사람이 있습니다. 그러나 시인은 주의 말씀을 열렬히 사모합니다. "그러므로 내가 주의 계명들을 금 곧 순금보다 더 사랑하나이다"(127절). 시인은 주의 법을 지키지 않는 사람 때문에 괴로워합니다. 그만큼 하나님의 말씀을 사랑하고 있습니다. 본문에 비추어 우리를 살펴봅시다. 우리는 과연 얼마나 말씀을 사랑합니까? 약간의 장애물만 생겨도 말씀을 제쳐 두고 있지는 않습니까? 말씀이 외면 받는 현실에 괴로워하고 있습니까? 우리는 하나님의 말씀을 정말 사랑합니까?

이사야 59장은 하나님의 긍휼을 말합니다. 이스라엘은 여전히 위선적인 사고방식에 빠져 있습니다. 그들은 하나님께서 손이 짧아 구원하시지 못하는 것은 아닌가 생각하고 있었습니다. 왜냐하면 자신들은 열심히 신앙 행위를 하였다고 믿었기 때문입니다. 그러나 그것은 그들의 착각일 뿐입니다. 신앙 행위는 있었지만 신앙은 없었습니다. "우리의 허물이 주의 앞에 심히 많으며 우리의 죄가 우리를 쳐서 증언하오니 이는 우리의 허물이 우리와 함께 있음이니라 우리의 죄악을 우리가 아나이다"(12절). 결국 그들은 자백할 수밖에 없었습니다. 다행히 하나님은 긍휼이 많으십니다. 구속자를 보내겠다고 약속하십니다. 언약을 꼭 지키겠다고 선언하십니다.

마태복음 7장은 천국에 합당한 믿음이 무엇인지를 설명합니다. 하나님께서 보내시겠다는 구속자가 지금 여기에 와 있습니다. 예수 그리스도이십니다. 예수님은 위선을 고발하시고 참된 믿음을 요청하십니다. 구하고 찾고 두드리는 자에게 좋은 것을 주실 것이라고 약속하십니다. 참된 믿음은 열매를 통해서 확인됩니다. 가짜 믿음은 순종이라는 열매를 전혀 맺지 못합니다. 말은 화려할 수 있습니다. 그러나 열매를 내놓지 못합니다. 참된 믿음은 말씀을 따릅니다. 순종의 열매를 맺습니다. 이 참된 믿음을 위해 열심히 구하고 힘써 찾으며 전심으로 두드리십시오. 약속하신 대로 주실 것입니다.

6월 June 28

신명기33-34장 • 시편119:145-176 • 이사야60장 • 마태복음8장

신명기 33장과 **신명기 34장**은 모세의 죽음을 다룹니다. 하나님께서 만들라고 하신 모세의 노래를 다 들려준 후에 모세는 이스라엘 각 지파를 축복합니다. 레위 지파에 대한 축복이 가장 깁니다. 지금까지 성소와 율법의 중요성을 다루었다는 점에서 이해할 만합니다. 레위 지파는 율법을 가르치고 제사를 드리는 일을 하게 될 것입니다. 축복한 후에 드디어 모세가 죽습니다. 여호수아가 그의 뒤를 이어받았지만 그 누구도 모세와 같을 수는 없었습니다. 오직 모세만 여호와께서 대면하여 주셨기 때문입니다. 이렇게 모세 오경이 끝납니다. 사람을 복되게 창조하셨지만 그가 타락하여 온 세상에 죄가 들어왔습니다. 그러나 하나님은 또 한 사람을 택하셔서 가족을 이루게 하시고 민족을 이루게 하셨습니다. 포로 생활에서 해방시키시고 법을 주시고 성전을 주셨습니다. 그리고 이제는 땅을 주시고자 합니다. 타락한 이 세상에 하나님 나라를 새로이 건설해 나가시는 하나님의 섭리입니다. 그 하나님의 섭리는 지금도 계속됩니다. 하나님은 이 땅에 당신의 나라를 만들어 가고 계십니다. 그 나라의 백성이 된 것을 기쁘게 여기고 먼저 그의 나라와 그의 의를 구하시기를 바랍니다. 하나님만이 참된 신이 되십니다.

시편 119편 145-176절은 말씀을 사랑하지 않는 사람들 속에서 하나님의 도우심을 호소하는 기도입니다. 말씀을 참 사랑하는 시인은 새벽부터 주의 말씀을 원합니다. 주의 말씀에 가까이 가고 싶어 합니다. 그러나 사람들은 말씀을 가까이하지 않습니다. 오히려 말씀을 가까이하는 시인을 박해합니다. 말씀을 지키지 못하게 합니다. 그러는 중에도 시인은 굳건합

니다. 주의 말씀만 경외합니다. 그는 하나님의 구원을 바라면서 그의 말씀을 사모합니다. 말씀은 하나님 나라의 질서입니다. 이 땅에 임한, 그리고 임하고 있는 하나님 나라는 말씀의 통치를 받습니다. 그러므로 하나님 나라에 속한 백성들은 이 말씀을 즐거워할 수밖에 없습니다. 기꺼이 순종할 수밖에 없습니다. 말씀을 전심으로 사랑합시다. 말씀에 힘써 가까이 갑시다. 하나님 나라를 맛보게 될 것입니다.

이사야 60장은 열국에 가득한 하나님의 영광을 말합니다. 하나님은 예루살렘에 빛이 가득할 것이라고 말씀하십니다. 여호와의 영광이 그 위에 임할 것이라고 하십니다. 그리고 열국이 그 빛을 보고 예루살렘을 찾아올 것이라고 하십니다. 이제 예루살렘은 이스라엘 민족의 산이 아니라 모든 민족을 위한 거룩한 산이 될 것입니다. 하나님께서 성문을 활짝 여시고 모든 사람을 맞아 주실 것입니다. 그 일을 속히 이루어 주실 것입니다.

마태복음 8장에는 백부장의 하인을 고쳐 주시는 사건 등이 나옵니다. 이사야서에서 예언하듯이 예루살렘에 가득한 하나님의 영광은 이제 이방인들에게도 비춰게 될 것인데 본문에 그 첫 사건이 등장합니다. 로마의 백부장이 예수 그리스도의 능력을 맛보게 된 것입니다. 예수님은 그를 향해 이스라엘 중 아무에게서도 이만한 믿음을 보지 못하였다고 말씀하십니다. 새로운 시대가 열리기 시작한 것입니다. 예수님은 이 땅에서 사람들을 고치시고 위로하시고 인도하십니다. 나병환자가 고침을 받고 귀신 들린 자들이 위로를 받으며 제자들이 인도를 받습니다. 예수님으로 말미암아 하나님의 약속이 성취되어 갑니다. 본문은 이 예수님을 믿으라고 계속하여 촉구합니다. 백부장의 믿음을 칭찬하고 제자들의 믿음을 꾸중하면서 참된 믿음을 요청합니다. 예수님을 정말로 믿읍시다. 좋은 일이 일어날 것입니다.

6월 June 29

여호수아1장 • 시편120-122편 • 이사야61장 • 마태복음9장

여호수아 1장은 가나안 정복 전쟁을 준비하는 장면입니다. 모세가 죽은 후에 하나님은 여호수아에게 가나안 정복을 명하십니다. 신명기에 나온 모세의 설교를 간단히 요약해 주시는데 다음과 같습니다. "오직 강하고 극히 담대하여 나의 종 모세가 네게 명령한 그 율법을 다 지켜 행하고 우로나 좌로나 치우치지 말라 그리하면 어디로 가든지 형통하리니"(7절). 하나님의 약속으로 용기를 얻은 여호수아는 백성들에게 전쟁을 준비시킵니다. 특히 르우벤 지파와 갓 지파와 므낫세 반 지파에게 앞장서겠다는 약속을 이행하라고 말합니다. 그들이 순종을 약속합니다. 지도자와 상황은 바뀌었지만 모든 것은 그대로입니다. 하나님을 믿고 의지하면 됩니다. 하나님의 약속은 여전히 유효합니다. 우리 삶의 원리도 그렇습니다. 때때로 상황이 바뀌고 환경이 변할 수 있지만 하나님은 항상 동일하십니다. 하나님을 믿고 그분의 말씀을 사랑합시다. 그것으로 충분합니다.

시편 120-122편은 성전에 올라가는 노래입니다. 즉 예루살렘으로 올라가면서 하나님의 도우심을 간구하는 기도입니다. 각 시는 어려움을 호소하면서 하나님의 도우심을 바랍니다. 120편에서 기자는 환난 중에 여호와께 부르짖는다고 합니다. 121편은 천지를 지으신 하나님께로부터 도움이 온다고 말합니다. 122편은 예루살렘 안에 평안이 있다고 고백합니다. 예루살렘은 산 위에 있었기 때문에 순례자들이 올라갈 수밖에 없었습니다. 그러면서 그들은 하나님의 거룩한 산에 도움이 있다고 고백합니다. 산이나 성전 자체에 특별한 힘이 있어서가 아니고 그곳에 계신 하나님께 사랑과 능력이 있기 때문에 그곳을 향해 가는 것입니다. 하나님을 바라봅시다.

환난 중에도 바라보고 일상 중에도 바라봅시다. 하나님으로부터 도움과 평안이 주어질 것입니다.

이사야 61장은 메시아의 노래와 예루살렘의 회복을 말합니다. 본문 앞부분의 화자는 앞서 나왔던 고난 받는 종입니다. 즉 장차 오실 구원자입니다. 여호와의 영이 임하고 기름 부음을 받으면 그는 아름다운 소식을 전하게 될 것입니다. 여호와의 은혜의 해와 보복의 날을 선포하여 슬픈 자들을 위로하게 될 것입니다. 그로 말미암아 예루살렘은 다시 일어나게 될 것입니다. 황폐한 성읍이 다시 보수될 것이고 백성들은 여호와의 제사장이 될 것입니다. 만민에게 조롱을 받던 그들이 만민에게 복 받은 자손이라는 칭찬을 듣게 될 것입니다.

마태복음 9장은 마음이 상한 자를 고치시며 포로 된 자에게 자유를, 갇힌 자에게 놓임을 선포하시는 예수님의 사역을 전합니다. 먼저 예수님은 중풍병 때문에 꼼짝도 못하는 병자를 고치십니다. 세리로 비난을 받던 마태를 불러서 마음을 위로하십니다. 열두 해 동안 혈루증을 앓던 여인에게 자유를 주시고 맹인들의 눈을 뜨게 하셔서 갇힌 신세를 풀어 주십니다. 모든 도시와 마을을 두루 다니시면서 회당에서 가르치시고 천국 복음을 전파하시고 모든 병과 모든 약한 것을 고치십니다. 예수님께서 가시는 곳마다 은혜가 선포되고 슬픈 자들이 위로를 얻으며 황폐한 것들이 새로 보수됩니다. 본문은 믿음을 강조합니다. 예수님은 혈루증을 앓던 여인에게는 '네 믿음이 너를 구원하였다'(22절)고 말씀하시고, 맹인에게는 '너희 믿음대로 되라'(29절)고 말씀하십니다. 믿음의 눈으로 예수님을 보십시오. 그분의 행적과 말씀을 보십시오. 회복과 자유와 위로를 얻을 수 있습니다.

6월 June 30

여호수아2장 • 시편123-125편 • 이사야62장 • 마태복음10장

여호수아 2장은 여리고 정탐에 관한 기록입니다. 가데스 바네아에서의 정탐은 실패로 끝났지만 이번 정탐은 성공합니다. 그때는 이스라엘 백성들이 두려움에 떨었지만 지금은 여리고 사람들이 두려움에 떨고 있습니다. 정탐꾼들은 기생 라합의 집에 묵습니다. 소식을 들은 여리고 왕이 이들을 잡으려고 사람을 보냅니다. 라합은 그들은 숨긴 후에 거래를 합니다. 여리고 성을 정복하게 되면 자기의 가족들은 살려 달라는 것이었습니다. 이때 라합이 한 말이 중요합니다. "여호와께서 이 땅을 너희에게 주신 줄을 내가 아노라 우리가 너희를 심히 두려워하고 이 땅 주민들이 다 너희 앞에서 간담이 녹나니"(9절). 라합이 이와 같이 말한 이유는 하나님께서 광야에서 행하신 일들을 모두 들었기 때문입니다. 믿음이 필요합니다. 하나님은 자신의 말씀을 반드시 이루십니다. 세상이 커 보여서 위협을 느낄 수도 있습니다. 그러나 믿음을 단단히 붙드십시오. 하나님께서 훨씬 더 크십니다. 믿음으로 사는 사람은 세상이 감당할 수 없습니다.

시편 123-125편은 하나님을 의지하고자 하는 사람의 노래입니다. 세상 속에서 믿음으로 산다는 것이 흔들리지도 않고 약해지지도 않는 것은 아닙니다. 믿음으로 산다는 것은 흔들리고 약하기 때문에 하나님을 열심히 붙드는 것입니다. 본문은 믿음으로 사는 사람의 마음을 잘 표현합니다. 그는 두렵습니다. 수치와 모욕을 느낍니다. 사냥꾼의 올무에 걸린 새처럼 바들바들 떱니다. 그래서 눈을 들어 하늘에 계시는 주를 바라봅니다. 은혜를 간청합니다. 도움을 구합니다. 하나님을 의지합니다. 믿음으로 산다는 것은 강심장으로 사는 것이 아니라 연약한 손으로 강하신 주님을 붙들고 사

는 것입니다.

이사야 62장은 예루살렘을 회복하시는 하나님의 열심을 말합니다. 하나님은 이렇게 말씀하십니다. "시온의 의가 빛같이, 예루살렘의 구원이 횃불같이 나타나도록 시온을 위하여 잠잠하지 아니하며 예루살렘을 위하여 쉬지 아니할 것인즉"(1절). 또한 예루살렘에 파수꾼을 세우셔서 세상에서 당신이 찬송을 받으실 때까지 쉬지 못하도록 하시겠다고 합니다. 반드시 예루살렘을 회복하고 마시겠다는 하나님의 의지입니다.

마태복음 10장은 예수님께서 제자를 부르시고 보내시는 이야기입니다. 하나님의 열심은 반드시 열매를 맺습니다. 거룩한 백성을 만드시겠다는 하나님의 의지대로 예수님은 제자들을 부르십니다. 하나님의 구원 계획이 착착 진행되고 있습니다. 제자들을 부르실 뿐만 아니라 그들을 보내서 더 많은 사람들을 불러 모으십니다. 제자들은 하나님 편에서 마련하신 구원의 아름다운 소식을 전파할 것인데, 누구는 듣고 믿을 것이고 누구는 듣고도 믿지 않을 것입니다. 오히려 박해를 받고 조롱을 받을 수도 있습니다. 그러나 두려워할 필요는 없습니다. 하나님께서 지켜 주시기 때문입니다. 제자는 믿음으로 사는 사람입니다. 그는 모든 사람들 앞에서 예수님을 시인하고 고백합니다. 기꺼이 자기 십자가를 지고 예수님의 길을 따릅니다. 심지어 예수님을 위해 자기 목숨까지 내놓습니다. 하나님께서 지키시고 돌보시며 인도하실 것을 믿기 때문입니다. 하나님의 열심은 믿음으로 사는 사람을 만들어 내고 믿음으로 사는 사람은 하나님의 열심을 찬양합니다. 믿음으로 삽시다. 하나님은 자기의 열심으로 성도를 반드시 복되게 하실 것입니다.